WUGOU BUCHENGTIAN
YUNNAN HEISHULIN DE GOUQU XISU YU LISHI YANJIU

无沟不成田

云南黑树林的沟渠、习俗与历史研究

李建明　杨漪　嘉日姆儿　著

民族出版社

前 言

本书所讨论的“黑树林地区”是指云南省玉溪市元江哈尼族彝族傣族自治县、普洱市墨江哈尼族自治县、红河哈尼族彝族自治州红河县三县交界处的哈尼族聚居区，范围包括现今墨江县的龙坝镇、那哈乡和红河县的垤玛乡、三村乡共841平方公里的广大区域。因云南省委、政府曾于1987年在该区域成立“黑树林地区工委”，该区域习惯性地被称为“黑树林地区”。在云南省委、省政府的直接领导和协调下，在云南省各有关部门30多年来的共同努力下，黑树林地区各项事业发展迅速，呈现一派欣欣向荣、安居乐业的繁荣景象。

2014年云南民族大学云南省民族研究所成立“黑树林研究小组”，全面开展黑树林地区的历史、民族关系、社会类型、文化以及城镇化等议题的研究。该区域自清中叶以来的行政边界变更、水利开发建设、多民族移民交融等话题成为研究小组田野调查的焦点。研究小组以云南省民族研究所青年研究人员和硕士研究生为主，成员大多受过历史学、人类学、民族学的训练，他们所提出和记录的问题除了具有较强的学理性以外，对日下乡村振兴事业的开展也具有一定的经验和材料价值。本书既是为了纪念也是为了延续相关思考，希望能引起关心黑树林发展的同道和朋友们的兴趣与共鸣。研究小组先后在《中央民族大学学报》《西南民族大学学报》等期刊上发表十余篇学术论文，同时，以黑树林为田野点培养了多名研究生。

本书分为上下两部分，上篇以黑树林地区的历史、社会结构、事件为主题，主要讨论了黑树林地区沟渠开发的历史、水利社会的组织类型等问题。下篇以黑树林地区各个民族的观念、文化与象征等为核心，主要讨论了黑树林地区各民族的文化观念、仪式象征、关于水的分类等话题。

本书得到了云南民族大学2018年中央支持地方高校发展专项资金项目出版基金的资助，特此感谢。最后，我们的田野调查得到了段好福、李皮陆、段批者、周进荣、白章福、丁树清、李陆拾、苏正甲、白牙高、王义德、宋大甲、马合努、段黑奴等老朋友的热心帮助，本书中最有价值的材料都来自他们的经验，而所有的不足都由作者负责。

李建明

2022 年 8 月 5 日于云南民族大学雨花湖畔

目　录

上篇　历史、结构与事件

下篇 观念、文化与象征

上篇　历史、结构与事件

走进田野：云南黑树林地区打洞梁子概述

第一节　地理位置与自然环境

黑树林意指幽暗茂密的森林，哈尼语称“切玛阿龙”。滇南黑树林地区特指云南省玉溪市元江哈尼族彝族傣族自治县、普洱市墨江哈尼族自治县、红河哈尼族彝族自治州红河县三县交界处的哈尼族聚居区，涉及墨江县龙坝镇、那哈乡和红河县垤玛乡、三村乡共 841 平方公里的一片区域。①

打洞梁子是黑树林地区最核心的区域，因此本书的田野调查主要集中在此处。打洞梁子位于洛西河西岸，这里地势起伏、沟壑深邃、气候温和，海拔在 965 米至 1580 米之间。从水的供求量来看，每年 6 月至次年 2 月是打洞梁子的丰水期，而 3 月到 5 月为缺水期。② 梁子上坐落着 8 个自然村，这 8 个自然村构成了整体性的打洞梁子。如图 1–1 所示，它们自上而下分别是：墨江黑树林、红河黑树林、塔普③、螺蛳寨④、达东⑤、下达东⑥、田房⑦、龙洞⑧。除此之外，

① 数据来源：红河县三村乡三村村委会。

② 数据来源：三村乡数字乡村信息网。

③ 哈尼语意为上寨，位于达东村的上方，村头立有打洞大沟纪念碑，海拔 1440 米，位于村委会西南方 200 米。

④ 传说此地为仙螺活动之地而得名，哈尼语别名达崩。海拔 1440 米，位于三村村委会驻地的西南方向约 800 米。

⑤ 达东哈尼语意为蕨菜，因此地蕨菜丛生，建村后故得名。该村有汉族苏姓人，曾将其村名改为老苏寨，现在亦有人如此称呼。

⑥ 下达东又称“达东普尼”（“普尼”为汉族之意），位于达东村的下方，海拔 1330 米。

⑦ 打洞梁子的耕地大多集中在本区域，与以上几个村寨相隔较远，为方便农闲午休，降低路途奔波之苦，塔普的李家便在田间建房，称作“田房”。以后塔普的几户人家相继迁至此处安家，不久便形成独立的村寨，承袭田房之名。田房村海拔 1300 米，位于村委会驻地的东南方向约 1500 米。

⑧ 因村郊有泉眼，故称龙洞。位于梁子的山脚。

三村乡的行政中心位于打洞梁子的山顶，也被称为“新村”①。有趣的是，打洞梁子与墨江县龙坝乡竜宾村接壤，两个位于两县交界处的自然村都叫“黑树林村”。为了区别两个村子，人们常常要在黑树林前加上“墨江”或是“红河”，也有将墨江黑树林村称作“小黑树林”。打洞大沟的沟水就是从梁子顶部的墨江黑树林流入红河黑树林，进而随着山体向下流入梁子上家家户户的水田里。在塔普村上方的分水口处，醒目地竖立着“打洞梁子纪念碑”，碑文记录了打洞大沟水源买卖情况、木刻分水时期所灌溉的农田及建碑的情况。站在梁子上方往下看，8 个村庄两边的山坡上都是大面积的梯田及耕地，整条梁子与东边的大梁子、西边的扎么村隔山相望。

打洞梁子上 8 个自然村呈上下纵向分布，这种布局与传统的哈尼村落空间布局不同。传统哈尼族村落的选址通常是基于“森林—村落—田野—河流”四位一体的模式②，即村落往往建在一座山的山腰上，村子上方是竜林，村子下方为水田。若是站在高处远眺哈尼村寨，可以看到大山山腰中部的哈尼村寨几乎处在一条水平线上。但是打洞梁子的村寨则不一样，其山顶并非森林，而是三村乡的行政中心、市场以及黑树林村。据红河黑树林的村民小组长丁树清自述，他们老丁家是最早到黑树林村居住的，到达此地时看到的是一片黑压压的树林，因此取名为“黑树林”村③。红河黑树林村为汉族村落，村子西边的小山包上建有一座观音庙。与红河黑树林村相毗邻的墨江黑树林村，也在相邻处建了一座观音庙。下达东村也是一个汉族村落，其山神庙就建于村子背后的小山包上。值得注意的是，这座小山包既建有下达东村民的庙房，又有达东村的竜林。尤其在与哈尼族村落传统的“四位一体”布局做对比时，打洞梁子山腰上的达东村与下达东村的村庄布局显得尤为特殊。除此之外，螺蛳寨、塔普、田房、龙洞等村落也建有各自的竜林。竜林与庙房，几乎可以作为一个独立自然村的标志。整条梁子上下都有人居住，竜林上方还有农田，农田下方又有竜林。

---

① “新村”主要包括三村卫生院、农贸市场、街道及一些商店等。但“新村”并不是一个真正意义上的自然村，“新村”从地理位置来看处于黑树林村的地界范围内。

② 参见王清华、李克忠等学者的研究。

③ 报告人：丁树清，报告时间：2015 年 10 月 6 日，报告地点：红河县三村乡三村村黑树林小组。

图 1–1　洛西河流域及黑树林地区示意图

第二节　黑树林地区打洞梁子的历史

黑树林地区打洞梁子如今分为 8 个自然村，然而整条梁子往往被周围的村落视作一个整体，它在历史上经历了多次行政区划变革。通过表格，可以看出打洞梁子历史上曾属元江府管辖；中华人民共和国成立后建立了红河县，打洞梁子又划归红河县垤玛区管辖；由于水利等原因，云南省政府曾成立黑树林地区工委将该区域的水利争议区划分在一起归墨江县管辖；黑树林工委撤销后打洞梁子重新成为红河县三村乡辖区，隶属三村乡三村村委会。

如今在民间话语中，当地人说“三村”往往就是指黑树林地区打洞梁子，而原本的老“三村”并不是指这条梁子。“三村”这个名字与三村乡这片区域哈尼族村落的整体历史有关。在当地白宏人的集体记忆中，最古老的白宏村落有三村六寨，其中“三村”指的坝兰村、坝木村和坝痴[①]村，每村又有自己的管辖区域。乾隆至嘉庆年间坝茨一村管辖着打硐[②]、扎么、批罗、么白（今阿松村）、沟甫（今元存）等几个小村落，每个小村落又有头领一人，打洞一带至今流传着“批罗李阿沙，么白李者沙，扎么李通者，沟甫李黑者，打洞李坡阿”的民谣。

清朝乾隆初年，黑树林地区打洞梁子还是一片荒芜，散布着达东、黑树林等几个小村落。乾隆十六年（1751）打洞村民罗相文等以四百两银子买得元江直隶州与他郎厅（今墨江）交界处娘埔[③]村后一水源并开挖水沟。嘉庆七年（1802），罗相文之长子罗仲德及杨聚云等人“另开新沟，接上沟渗漏之水”[④]，当年开成沟长三十余里的大沟，将水引到打洞，并呈报元江直隶州批准发给执照，划定界址，开荒造田。从此，打洞梁子经济逐渐发展起来，人口也大大增加了。

到了道光初年，鉴于打洞经济的发展，坝茨伙头王卜者加派了打洞的夫马粮款，于是坝茨与打洞之间发生了矛盾。打洞上控“加夫一案”，要求欲摆脱坝茨伙头的管辖，从坝茨独立出来。坝茨伙头王卜者指控打洞：“打洞梁子左右两边田，一田产万担，一马跑不通，吃田不上粮，坐地不担夫。”道光五年（1825）元江直隶州判决了案子，打洞段来崇等人将判决刻在石碑上并立于黑树林当街，（今区公所门口处），碑文如下：

署元江直隶州事路南州正堂卓异候陞加□级记录十次骆为出示晓谕事案据打硐村夷民柯道立赵亮□松等具控坝痴伙头王卜者复控加夫一案恶夷违断当今本州差提□□确仍照道光五年黄前州断冷打硐应帮摸郎塘银伍两及应完条公银伍两□□□令打 伙头另票自行赴库完纳

① 坝痴：现在写作坝茨，后文除碑刻文献中出现“坝痴”予以保留外，行文均采用坝茨。

② 打硐：即打洞，晚清民国时期采用此写法，现已改为打洞。后文除碑刻文献中出现“打硐”予以保留外，行文均采用打洞。

③ 娘埔：目前使用此写法。后文除执照、契约等文献出现“娘铺”予以保留外，行文均采用娘埔。

④ 引自打洞大沟纪念碑碑文。

不与坝痴扎磨二村协同辨辕门一下不干打硐之事其余日逐轮派夫马以坝痴扎磨二村二股均办坝痴应轮辨二百四十日扎磨应轮辨一百二十日不与打硐村相干合行示谕为此示仰坝痴扎磨等村伙头居民人等知悉自示之后所有不等应一切夫马粮款等 俱照本州查照黄前州断案辩理不得抗违 敢违断准口伙头人等禀官究治决不姑宽各宜凛遵毋违特示

段来崇　杨士珍　舒元得　杨士林

段必明　　　　　　　　　　　　公立

段必贵　丁立成　杨学诗　罹玉明

道光五年十月初一示准碑石[①]

这样，打洞从坝茨独立出来，年纳银十两五钱。同时扎么也独立，一分为三，出现了打洞、扎么、坝茨三村鼎立的局面。

水利设施的修建使得打洞村有条件开荒种田，也使得打洞对面的竜宾村人开始羡慕。据螺蛳寨村民段好福介绍，嘉庆七年（1802）竜宾村一家李姓地主看到打洞大沟修建所带来的利益之后，也试图在竜宾修建一条大沟来灌溉农田，便与钱姓地主合作开沟。但由于财力不足，或是开沟之后需抛荒一段时间才能通水（否则沟水会渗漏），竜宾大沟经历了四五十年尚未修通。光绪十六年（1890）终于开通[②]。然而，由于竜宾与打洞村寨相邻、地势高低近似，沟水水源都来自于娘埔村后的洛西河上游，竜宾大沟的修通直接影响了打洞大沟的用水，两边争议不下，只得告官，打洞人与竜宾人第一次发生了水利纠纷。从民国时期一直到中华人民共和国成立，打洞大沟沟水较为通畅，而竜宾大沟因维护不当几乎荒废。

民国时期以坝兰、坝茨、坝木这三个村子为中心的区域称为一个联保，名为“三村”，打洞为第六保。民国二十六年（1937）前后在黑树林地区打洞梁子设“螺蛳乡”，属元江县第八区管辖。1952 年螺蛳乡改名“三村乡”。从此，三村失去了原“三村”的含义，仅指黑树林地区打洞梁子。1953 年，墨江县竜宾村人提出要重新开挖竜宾大沟，元江县不同意，认为“旧沟不能停、新沟不能挖”，竜宾人便没有继续。1954 年 7 月，“三村”划入红河县垤玛区，此时

① 碑文引自由打洞梁子杨连康收集整理、白章福协助整理的《三村漫话》（未刊载）一文。

② 报告人：段好福，报告时间：2015 年 10 月 15 日，报告地点：红河县三村乡三村村螺蛳寨村。另一说法是孙世恒决定开四条沟，其中一条就是竜宾沟，在竜宾村杨大爷的带领下开沟大沟。

又称“垤玛三村”。三村划归红河县后，恰逢1958年“大跃进”时期，竜宾人再次提出重新挖沟，当时红河县一个工作队的杨队长认为在社会主义社会中大家都是一家人，应该一起用水，便同意开沟。但是竜宾大沟重新开通之后，每逢三四月份用水紧张时，两地又开始发生纠纷。①

关于水的纠纷不断繁殖，纠纷的范围也一点一点扩大。虽然这一时期小规模的纠纷不断，且由于“人民公社”时期人们情绪高涨新开了一些田地，用水需求量有所增加，1958年至1980年期间，该地区的矛盾没有特别地凸显。直至1980年该地区实行农村家庭联产承包责任制（包产到户）后，种田多少属于各个家庭的事情，水的问题就成为了直接关系到每一个家庭温饱的问题。②水利纠纷也在20世纪80年代至90年代中期集中爆发，并且逐步演变为水权、地权、林权等的纷争。

1984年，随着红河县政策变化，“三村”从垤玛区划分出来设置了三村区。当时的三村乡及其周边与墨江县龙坝乡周围的人发生多次纠纷（主要集中在打洞梁子与竜宾之间）。鉴于这一地区的问题，1987年2月云南省委、省政府下发了《关于成立中共墨江县黑树林地区工作委员会和区办事处的批复》。该批复将红河县三村乡与垤玛乡归墨江县管辖，并与墨江县龙坝区、那哈区组建成为黑树林地区工作委员会（简称：“黑树林工委”）并成立办事处，属副县级建制，工委办事处就设立在黑树林地区打洞梁子顶部。黑树林工委成立以后，为了解决打洞大沟与竜宾大沟用水争议开始娘埔水库的筹建工作，并且完成了勘测。但是黑树林工委只存在了一年时间。1988年7月云南省民委专门成立民族工作队到黑树林地区开展工作，同年10月打洞梁子及大梁子成立“三村村公所”。

云南省民族工作队驻扎黑树林地区之后，经过充分的调查和实践，省民族工作队针对当地实际情况制定了“团结、稳定、建设、发展”的工作方针，通过在该地区兴修基础设施（例如水、电、路等），推广经济作物、发展教育、组织干部学习等措施，促使当地不断发展。1993年，娘埔水库投入使用。

① 报告人：段好福，报告时间：2015年10月15日，报告地点：红河县三村乡三村村螺蛳寨村。

② 当时由于引进杂交水稻后种植产量的提高，短时期内刺激了人们开田的积极性，加之杂交水稻的种植改变了农事周期，越是三四月份枯水期越是需要用水的关键时期。以前种植老品种水稻的时候，农历三四月份才刚开始育秧，此时需要用水但用水量不算特别大。种植杂交水稻后，三四月份正值插秧，家家户户的田里都需要灌溉足够的水，用水需求量十分大，且为了把握好合适的插秧时机，用水时间较为紧迫。

2000年末，常驻黑树林地区的民族工作队撤出，改为阶段性回访。[①]同一时段三村村公所改设三村村委会。

总体来看，黑树林地区打洞梁子的水几乎将这一区域的历史所串联起来。水在这个位于哀牢山腹地、以农耕为主的地方，成为当地居民关心的核心问题。行政区划的变更以及社会随着历史的推进，影响着人们用水的方式；人们的用水也深深地影响到了行政区划及历史的发展。

第三节　人口、生计方式与节庆

一、人口情况

据三村乡三村村委会2014年农村经济统计综合年报表统计，截至2015年1月，黑树林地区打洞梁子的8个自然村共有住户435户，共1982人，其中哈尼族1465人、汉族507人，哈尼族约占74%[②]。具体情况见表1-1。墨江及红河黑树林和下达东这三个村子里的哈尼族均是外村嫁入者及其子女；塔普为哈尼族、汉族混居，但以哈尼族为主；其余四个村子几乎都为哈尼族。但是打洞梁子的实际情况比这些数据所体现出来的要复杂。例如：螺蛳寨全体村民的户口登记均为哈尼族，但自认为祖源是白族的段氏家族共有79户，占该村的67%；达东村人口在三村乡派出所均登记为哈尼族，但是笔者在田野调查过程中发现，达东村的一户苏姓人家实为汉族，遵循汉族习俗过春节、中秋节等，该苏姓人家在一段时期内影响到了达东村的命名，将达东村改为“老苏寨”。

总体来看，黑树林地区打洞梁子可以说是一个“移民社会”，它是一个在不同历史时期由各地移民搬迁组合而成的区域，其人员构成复杂多样。黑树林地区打洞梁子得名于梁子中部的达东村，“打洞”与“达东”发音类似，为哈尼语[dɑ dɔŋ][③]音的不同写法。梁子上的人均认为达东村是最早搬到这条梁子

① 胡忠文主编：《和谐的使者：云南省民委民族工作队化解“热点”“难点”问题纪实》，昆明，云南民族出版社，2008。

② 该数据是笔者在2014年1月做田野调查时，在三村乡政府所搜集到的资料，为三村乡派出所2013年对三村乡人口的登记表。

③ 国际音标注音。

的村落，下达东村和墨江、红河黑树林村与达东村历史相近。而后又形成了螺蛳寨、塔普两个村庄。位于梁子中下部的田房和龙洞两村在中华人民共和国成立以后才逐渐形成。这里有从清朝早期至民国年间陆续从湖南、江西等地迁居到石屏、元江等后又搬迁至此的汉族，主要分布在黑树林、塔普和下达东；有自清朝初期到民国年间陆续从附近的垤玛乡、坝茨村、坝朗村等地搬迁至此的哈尼族，以及中华人民共和国成立前后到该地区做长工并因土地改革而定居于此的哈尼族。

表 1–1　黑树林地区打洞梁子人口统计表①

村名	家户（户）	总人口（人）	哈尼族（人）	汉族（人）	其他民族（人）
墨江黑树林	86	368	42	320	6
红河黑树林	98	429	61	359	9
塔普	74	289	254	34	1
螺蛳寨	119	591	591	0	0
达东	51	221	221	0	0
下达东	31	140	26	114	0
田房	37	184	184	0	0
龙洞	25	128	128	0	0
合计	521	2350	1507	827	16

这些哈尼族属于白宏支系，有自己的语言但是没有文字，主要分布在塔普、达东、田房、龙洞、螺蛳寨；此外，该地区还有自称从大理南迁至此的段氏家族，认为自己的祖源为白族，但现在成为了哈尼族，主要居住于螺蛳寨。

二、生计方式

打洞梁子上的人对于水田有一种特殊的情感。笔者 2015 年 1 月第一次到打洞梁子时，途经墨江县龙坝乡竜宾村。与打洞梁子毗邻的竜宾村的水田已经不多，很多水田都已经改为旱地，种植茶叶、豌豆等经济作物。而当笔者到达

① 该表格数据来源于三村村委会 2014 年农村经济统计综合年报表，数据统计截止于 2015 年 1 月。

黑树林地区打洞梁子时，首先映入眼帘的便是连片的梯田，梯田上波光粼粼的水面令人印象深刻。

历史上黑树林地区打洞梁子最重要的生计方式就是种植水稻，水与田就是人们最为重视的事情。关于水田，梁子上流传着一个让人津津乐道的“斗气开田”的故事：

> 老罗家和老杨家以前都是大财主，田地多。老罗家在田房开一丘田，越开越大，老杨家就觉得老罗家瞧不起他们，然后就找人在老罗家开田处的旁边也开了一丘大田。他们两家比赛开田，据说老杨家的田开的比老罗家大一点。老罗家说他们家的田朝左边已经没有开的地方了，开向右边由于有一座坟，不知道是什么人的，为了尊重别人家的坟，也不再往右边开了，所以田就比老杨家的小一点。但是听说那座坟是假坟，只是为了找个理由不继续开田。[①]

如今在田房，依然可以看到老罗大田与老杨大田，只不过包产到户以后这两丘大田分别被切割成了三份分给了不同的人家。通过“斗气开田”的故事，可以看出水田在当地人心目中的分量，它不仅仅是种植粮食的地方，也是一种财富，更是权势地位的象征。当地人对水田大小的分类非常精细，例如他们认为一般一丘田产22袋粮食以上的才算“河玛”（河玛：哈尼语，意为大田）[②]。

当地人对水稻质量好坏的评判基本上取决于他们对水的认识：河水肥力弱，但靠近河边的田可以用河水倒灌；而沟水中含有人畜排入的废水、粪便，沟水可以将这些肥料运送到水田中，因此肥力更足水稻更容易生长。无水不成田，田对于当地人有多重要，水对于当地人就有多重要，甚至在某种程度上水显得更加重要。

除了固定的水田之外，打洞梁子上还有很多“泡田”。泡田是无法依靠固定水源灌溉的稻田。这种稻田只能依靠雨水灌溉，通常在农历四五月雨水天的时候依靠雨水浸泡农田才能开始插秧。但无论是水田还是“泡田”，都需要合适的降雨量来补充用水需求。打洞梁子上的人们还总结出一条看降雨是否有利于农田耕种的口诀：

① 报告人：李陆拾，报告时间：2015年1月10日，报告地点：红河县三村乡三村村田房村。

② 报告人：苏正甲，报告时间：2015年1月15日，报告地点：红河县三村乡三村村达东村。

看雨么从九月初一至初九来：初一下么是水烂了，初二下么是下早了，初三初四下么是最好，初五初六下么没用了，初七初八下么雨烂了，初九下么叫下雨酒。①

这条口诀是说可以通过农历九月初一至初九的下雨情况来判断明年下雨的月份是否合适。在当地人看来农历九月的初一到初九分别代表农历的一月至九月。如果初一下雨则是农历一月下雨，一月处于休耕期，这个时候需要重新修整田埂，下雨过多则容易把新修的水田冲坏，所以一月下雨叫“水烂了”；初二下雨指农历二月下雨，种老品种水稻时二月才开始育秧不需要太多的水，因此二月开始下雨就是“下早了”②；初三、初四指农历三四月下雨，这段时间正值插秧、秧苗成长的关键时期田里需要大量用水，所以此时下雨是最合适的阶段；初五、初六指农历五六月下雨，这一时期水稻已经基本长成，不需要太多的水，所以说已经“没用了”；初七、初八指农历七八月正值水稻开花和丰收的季节，如果这时候下雨则会影响收成，因此这一时期的雨叫做“雨烂了”；初九指农历九月，此时粮食已经基本收完，各家各户开始烧酒准备过“十月年”“祭竜”及春节③等节日，下雨可以增加沟水量，人们便可利用沟水对酒蒸气进行冷却，从而烧制出产量较高的酒，因此称为“下雨酒”。

直到今日，耕种梯田依然在打洞梁子占有十分重要的地位。据2014年三村村委会年度经济统计综合报表显示，整个梁子共有712亩水田，年产量为333吨。④水稻为一年一种两收，农历八月收割一次后任其生长，十月便还可再收一次“再生稻”。吃不完的谷子可以用来做“小锅酒”招待客人或送给别人。除了水稻，打洞梁子还种植了部分包谷、小麦、苦荞、马铃薯、豌豆等粮食作物以及少量的经济作物，主要包括花生、茶叶、核桃、杨梅、竹子和一些蔬菜等。此外村子里几乎各家各户都养殖鸡、水鸭、旱鸭、猪等，有些人家还养黑山羊，这些家禽、家畜有的作为自家食用，有的则拿到市场售卖。当然大

① 报告人：王义德，报告时间：2015年1月12日，报告地点：红河县三村乡三村村塔普村。

② 但是种杂交水稻以后，改变了农耕周期，农历二月成为用水高峰期，也加剧了用水矛盾，这一点后文会详细论述。

③ 十月年、祭竜为哈尼族节日，春节为汉族节日，虽各自过自己的节日，但是会邀请各民族的朋友一起过节，并且相互赠送酒、糯米粑粑等礼物。

④ 数据来源：2014年三村村委会年度经济统计综合报表。

部分人家都会养牛，主要用来耕田。

近几年红河州政府倡导“美丽家园”建设，从经济上、政策上支持农民建设新居，帮助农民改善居住环境。这些举措也使得部分年轻人开始在本地寻找活计，而更多的年轻人选择到外地去打工。

三、节庆

打洞梁子上的哈尼族与汉族各自过自己的节日，节日庆典也是两个民族除语言、服饰之外最为显性的区别。虽然节庆时间不同、节日庆典的表征相异，但不同民族的节日仪式都蕴含了同为农耕民族对庄稼丰产的向往和敬意。

1. 哈尼族节日

打洞梁子包括段氏家族在内的哈尼族主要过三个节日，分别是“砣扎扎”“美休扎”（十月年）和“普玛昂突”（祭竜）。当地人认为砣扎扎节是哈尼族所有节日中最大的节日，其次分别是“美休扎”和“普玛昂突”。在参加打洞梁子的砣扎扎节时当地人告诉我：

> 我们这个地方就是粮食为大。“砣扎扎”是为了让庄稼长起来而过的节日，在节日中排行最大，要杀一头牛给它；十月年的时候庆祝丰收么是排第二，一家一户各杀一头小猪；祭竜的时候么才杀一对小鸡，杀了么给村子保平安。①

在哈尼族的观念中，将“卡、布、结”如此排列，其中，“卡”代表庄稼、“布”代表人、“结”指牲畜钱财。在哈尼族的宇宙观中认为庄稼为大、人次之、牲畜钱财排行第三。因此，当地人在陈述节日的重要性时并不是依据参与人数和热闹程度来进行判断，而是根据仪式举行的意义来裁定。除了这三个重大节日之外，围绕着农耕生活还有很多小的祭祀仪式，例如：“卡扎扎”（祭秧苗）、“车期期拜”（开头栽秧）、“伙伙伙扎”（舀回田水）、“卡哈咕”（给庄稼招魂）、“垤竜突”（祭献给庄稼、保佑庄稼）等②。下文主要介绍三大节日。

---

① 报告人：周大叔，报告时间：2015年5月29日，报告地点：红河县三村乡三村村塔普村。

② 几个节日的汉语翻译参考三村中学李皮陆老师所整理的《白宏人文化散论》（未刊载）。

（1）“矻扎扎”

矻扎扎节，“矻”是“围住、合拢”的意思，“扎”为“吃”的意思。“矻扎扎”意为：待庄稼种进田里、作物种到地里将田地都围起来之后，农忙暂时告一段落，庆祝一个盛大的节日并期盼来年有个好收成。“矻扎扎”又称“六月年”，因为以前种老品种水稻时候有些人家要靠农历五六月的雨水泡干田，泡完干田才能栽秧，往往到农历六月前后才能过节。但是种杂交水稻之后当地的栽秧时节提前至农历二月的中下旬。栽秧结束开始种植玉米、小麦等农作物。由于农忙时间提前，“矻扎扎”节也随之提前。现在，黑树林地区多是农历四月属虎日或者属牛日过“矻扎扎”节。

“矻扎扎”节持续三天，节日期间人们不做任何农事活动，以吃喝玩乐、唱歌跳舞、宴请宾客为主。第一天的仪式多按照时间顺序：抢新水、舂粑粑、插树枝迎天神、在家门外献饭、喂牛、宰牛分牛、在家里献饭等。这一天所做之事主要是为了驱赶家外的“鬼”、清洁家屋，然后迎接神灵并用宰杀的牛肉进行献祭。第二天依然要献饭及宴请宾客，享受人神同乐的气氛。第三天献饭过后需点一把火把，用一根木棍拍打家里的每个角落，把“俄直”“石批”[①]赶回天山去。三天娱乐之后便停止献饭，村子回到正常的生活秩序。

（2）“美休扎”

“美休扎”也称“十月年”，“美休”即为过年的意思。打洞梁子上每年农历十月第一个属龙日开始过节。相传哈尼族白宏人的祖先曾使用十月历法，把一年分为十个月每月分为三十六天，剩下六天为忌日。由于白宏人没有文字，在历史迁徙的过程中这种历法逐渐失传。所以现在每到农历十月第一个属龙日当日深夜，雄鸡鸣叫的第一声就算新的一年了。[②]

“美休扎”是庆祝一年的丰收，此时农忙已经结束，人们得以闲暇，许多外出打工的年轻人也要赶回家过年，因此这个节日十分热闹。新年第一天早上人们要到古井挑新水、裹团子[③]、插树枝、在家门外献饭、在家里的各个角落洒“哈巴”[④]树树叶并献团子等。接近中午时人们开始在家里杀猪，待家中的猪清理干净切分之后就开始做菜献饭。下午时，年轻小伙子们开始在村子里打秋

① “俄直”“石批”是哈尼族白宏人观念中最大的天神，他们保佑人畜平安、粮食丰产。

② 本故事摘抄于三村中学李皮陆老师所整理的《白宏人文化散论》（未刊载）。

③ 裹团子，类似于汤圆的食物。

④ “哈巴”树是当地的一种灌木植物，在哈尼白宏人观念中，这种树叶是迎接天神的“桌子”。

千并由“普玛阿布”① 献饭。“普玛阿布”要上下左右打空秋千三次，然后年轻人开始荡秋千、放鞭炮等。这一天所做之事主要是为了清洁家屋并且请神。第二天中午开始“垤踪踪”，即在普玛阿布家门口或寨心处聚众跳舞，每家每户都需要带一点酒肉和菜来这个地方。人们开始伴随着锣鼓声跳舞，跳累了便坐下来歇息吃菜喝酒，体现出一种人神共乐的氛围。第三天傍晚，一些年轻人开始扮演神的角色挨家挨户“讨饭”，“讨饭”的队伍敲锣打鼓进入各家各户，他们出去时主人家还要放鞭炮表示送神离开。第四天，村子里的人要集中在一起，一边跳舞一边吃前一天“讨饭”得的酒肉饭菜。之后的几天，寨子里的各家各户开始宴请宾客。

（3）“普玛昂突”节

“普玛昂突”，“普玛”指寨神林，这个节日为祭祀寨神林、保佑村寨清洁平安之意。通常来说，寨神林就是一个寨子的“寨头”，因寨神林被当地汉族人称作“竜林”，因此“普玛昂突”也叫“祭竜”。仪式时间一般在冬月即十月年后一个月第一轮属猪日或者属羊日举行。主持仪式的“普玛阿布”（竜头）在祭祀前十多天通过打鸡卦选出。通常由上一年的普玛阿布把村子里夫妻和睦、儿孙满堂的老人邀约在一起，由上任普玛阿布先打卦，如果卦象不合则再看其他老人的卦象，谁打进“四千卦”② 则谁可以成为新一任普玛阿布。选定新的普玛阿布后到祭竜之前的这段时间，普玛阿布不得与妻子同房、不得吃辛辣食物。且这段时间如果寨子里有人去世，表示寨子不洁，则要推后一个月祭竜。

祭竜是一个村寨的事情，普玛阿布必须严谨对待。祭竜第一天早上，要先请“摩批”③ 给普玛阿布叫魂。叫魂过后，普玛阿布带领其助手先到“垤竜突”④ 处献祭，以此将不洁之物隔绝在村子之外。献饭之后，普玛阿布返回家中换上传统的民族服装，组织其助手带上供奉在家中象征竜树神位的小凳子、煮熟的

① “普玛阿布”，即竜头，祭献竜林的祭司，相当于长老集团的首领。

② 哈尼族白宏人常用鸡股骨占卜的方式来看家里或村子是否清洁、平安。占卜方式为：用小刀在一对鸡股骨表面轻刮，看骨头上是否有可以插入细木签的小孔。如果两个骨头上各有两个小孔，则为“四千卦”，是最吉利的卦象。

③ 摩批也就是哈尼族中的巫师。当地的巫师分为“摩批”“查批”。“摩批”是专门做法事的人，可以经过后天学习而成；“查批”是专门看祸福的人，当地人认为只能通过某种神力“附体”才能工作，不能通过后天学习而得到。

④ “垤竜”与“普玛”相对，前者指寨脚，后者指寨头。

红白鸭蛋各一颗、一碗黄糯米、一头小猪、两对小鸡、吃饭的碗筷、烧火的柴等进入竜林开始正式的祭竜仪式。整个祭竜仪式过程中，参与的人必须依靠比划手势进行交流不得出声。仪式结束，要将祭祀的猪肉平均分到各家各户。普通人家分到猪肉后，才开始染黄米饭、红蛋，进而准备献饭。祭竜第二天早上人们通常会杀上一只鸡，将头一天分得的猪肉放到鸡汤中，使家里每一个人都能沾到猪肉、分享祭竜的神性。如果家中有人未归，也要将鸡汤一直保留给他。吃过的鸡腿骨还要用来打卦，如果打到“四千卦”则证明竜神已经来到家中，代表着平安如意。吃过早饭后，普玛阿布回到寨子中间摆桌子，有祈求的人家就带上河鱼、过年肉、酒等到普玛阿布面前跪拜讨要吉言吉语，并且大家一起跳舞庆祝。第三天下午，村子里还要找人到古井处祭祀，祭祀期间同样不得说话。

2. 汉族主要节日

打洞梁子上的汉族一般不过哈尼族节日，过春节、清明节、端午节、中秋节等传统节日，过节之时会邀请各族朋友参与节日庆祝。除此之外他们所过节日比较特别的是“祭庙”“敬风神”，这两个节日体现出了农耕在当地汉族人生活中的重要性。

(1) 祭庙

打洞梁子上的汉族村落都各自有自己的庙房：墨江及红河黑树林村为观音庙，下达东村为关帝庙。每年的农历二月二、八月二，各村都要到各自的庙房去杀猪献饭祈求村寨平安、五谷丰登。献饭时，各家户要派一人到庙里吃饭，村子里每一家都要参与。当笔者问当地汉族人为什么去庙房时，典型的回答是“我们的庙，就相当于竜树了”①。这样的逻辑，体现出了梁子上哈尼族与汉族的关系，既相互区分又相互将对方代入自己的文化中。此外，村里很多人认为庙房具有灵性，“这个庙到处都可以管，有时候像田房的猪、牛丢失，人们都会拿着鸡来这里烧香、杀鸡拜，然后猪、牛就回来了”②。

(2) 敬风神

敬风神的时间大概为农历二月二十日左右。关于这一节日的起源有两种说法。一种是据说这一时段风特别大，以前种老品种水稻时秸秆特别软，人们怕刚栽下去的秧苗被吹倒，因此要敬风神，祈求风神保佑秧苗的成活。另外一种

---

① 报告人：宋本正，报告时间：2015 年 1 月 13 日，报告地点：红河县三村乡三村村下达东村。

② 报告人：苏正甲，报告时间：2015 年 1 月 14 日，报告地点：红河县三村乡三村村达东村。

说法是这一时期风大，不能动簸箕、筛子之类的农具，人们相信风会把谷子吹走，因此这一天就停止劳动、休养生息。

树林里的某一棵树会被选作风神。敬风神时，一般是寨子里每年轮换几家人负责买猪、杀猪、献祭，献祭用的钱由全村平摊。祭祀后由小伙子去树林里分肉取肉回来，妇女不得去树林里分肉。如果家中没有小伙子去分肉，就把钱拿给别人请人帮忙分回来。

对比打洞梁子哈尼族与汉族的节日，可以发现，这些节日都具有相同的特点：即与农业生产有很强的关联，或与村落空间中的圣物祭祀有关。在长期的历史互动中，打洞梁子的哈尼族与汉族尽管在节日上保持各自的边界，但是却采用相同的文化逻辑来包容彼此的节日和信仰系统。

“四大份”：打洞大沟管理制度的意义、行为与符号

2014年10月至今，在云南民族大学的支持下，“黑树林研究小组”成立，既而对黑树林区域近三百来年的水利社会史进行了深入的田野调查。黑树林历史上的纠纷实际上由不同沟渠之间的水利纷争引发，因此，对沟渠的人类学研究成为本小组理解该区域水利纠纷问题的重要线索。由此视角出发，我们将研究范围扩展至黑树林以外的众多哈尼村落，先后在红河州各地展开多次与沟渠有关的田野调查，结果发现：一年一度的打洞大沟祭沟仪式在该区域具有唯一性。

每年农历二月的第一个属龙日，规模巨大的打洞大沟祭沟仪式“嘎洒罗”都会如期举行，其文化和组织特征在滇南山地稻作区域独树一帜，为了深入了解该祭沟仪式与村落社会组织、沟渠管理、农业生产以及水利纠纷之间的可能联系，本研究小组于2015年3月对打洞大沟的“嘎洒罗”仪式进行影像纪录的同时也展开了深入的描述和探讨，结果却意外了解到“四大份”制度，此制度直接与“权利义务”的本土观念及其实践有关。

第一节 “四大份”之问

一、“四大份”

每年农历二月属龙日这天，是我们整个打洞梁子村村寨寨举行“嘎洒罗”祭沟活动约定俗成的日子。“嘎洒罗”的目的是为了让大家

继续遵守前人立下的规矩，从“嘎洒罗”当天起，村村寨寨及家家户户都要严格遵守“四大份”的分水制度。①

打洞梁子是一条山脊，打洞大沟是该梁子唯一的灌溉水渠。此山脊北高南低，大沟自上而下流经墨江黑树林、红河黑树林、塔普、螺蛳寨、达东、下达东、田房、龙洞这规模不同的八个村寨。打洞大沟的水引自上游一条叫洛西的小河，大沟自上而下的维护、管理义务被分为不等长的四段，分别由相应的村落来承担，村民们将此分配方式称为“四大份”。在八个村寨中，村民们按照人口的多少将下达东、田房和龙洞三个小村子合成一份，墨江黑树林和螺蛳寨为一份，红河黑树林和达东为一份，塔普因寨子大而单独占一份。每一大份每年选出一位“把沟人”代表本份负责沟渠的日常管理、维护和修缮工作。

每大份每年都要选出一位把沟人来对打洞大沟进行日常管理，四位把沟人轮流工作。天干缺水的时候，四位把沟人轮流看护大沟。每天都要有一个人从沟尾走到沟头，再从沟头走到沟尾，检查沟的情况，保障沟水畅通。把沟人的酬劳由各大份的人家一起出。去年给每位把沟人2000斤粮食，各大份按照自己村子在每一份中所占的具体份额，称出粮食给把沟人。②

“把沟人”亦称为“欧嘎阿波”，在水沟堵塞、坍塌等情况发生时，一般由其负责疏通维修，如工程较大，则由他们组织水沟用户共同维修。“欧嘎阿波”不负责分水和调解水利纠纷，只负责把有关事件汇报给沟渠用水户和村里的长老，并由后者出面解决调和。③ 在打洞梁子，把沟人一般负责10个工作日以下的修缮工程，10个工作日以上的工程量则上报集体，集体组织“义务工”共同来修缮。在每年二月左右都要集体修缮疏通一次打洞大沟，这一天整条梁子每家都要出一个人去做“义务工”参与劳动。不管自家农田是否用到沟里的水，都要参与“义务工”，因为即使不用打洞沟的水灌溉，平时生产生活中也会用

① 报告人：段好福，报告时间：2015年3月，报告地点：红河县三村乡三村村螺蛳寨村。

② 报告人：段好福，报告时间：2015年3月，报告地点：红河县三村乡三村村螺蛳寨村。

③ 杨六金、王亚军：《哈尼族沟渠文化研究》，95页，载《云南社会科学》，2011（6）。

到沟水。[1]

> 轮水也按照四大份来轮，一般在农历二三月间。这段时间天气干燥，经常缺水，但正值育秧、栽秧的季节，农田里非常需要水。天干的时候，沟水较少，因此需要“轮水”，以保证每家的田里都有足够的水可以用来灌溉。轮水的时候，每一大份轮一天，即24小时，当这一大份轮水时其他三大份的人不能私自放水。各大份内部根据具体情况再来分水。[2]

轮水就是水的使用和分配方案。哈尼族最广为人知的传统分水方法叫“木刻分水”，为了合理用水，避免水利纠纷，减少人力投入，哈尼族根据一条沟渠引水量能灌溉梯田面积的多寡，经所有田主商议，规定每份水田应得的水量，并将水量刻在一条横木上，按沟头到沟尾流经顺序，将横木放置在水沟分水口，让沟水自行分流。大沟木刻分水至小沟，小沟木刻分水至田口，层层分流，代代沿用，人人遵守，木刻一旦定下来，持续沿用，不得更改。[3] 农田用水紧张时大家也会采用轮流引水或分段引水的办法，使每户人家都能顺利耕种。根据灌溉面积的多寡，经协商将沟渠分为几段，由远到近轮流放水。据杨六金等学者描述，轮水一般分为三段，有时候抽签决定哪一段先引流用水，没有轮到的区域要关闭自己的入水口，轮到时连放水一天一夜。[4] 打洞大沟采用的不是通常的三段制，而是上文中描述的“四大份”制度。

如果我们将对沟渠的维护、管理和修缮理解为义务的话，灌溉用水的分配就是权利。打洞梁子的“四大份”既是义务的组织原则，也是权利的分配方案。在下文将要讨论的“嘎洒罗”祭沟仪式中，“四大份”依然是仪式的组织方案和表达逻辑。在田野中，当我们问到为什么要将大沟的管理分为四份时，村民的回答是因为他们按四份分水；而当我们问到为什么要按四份分水时，村民的回答是我们按四份管理。当我们问到仪式的费用为什么分为四份时，村民的回答是因为他们按四份分水；而当我们问到仪式中的食物为什么分为四份

① 报告人：段好福，报告时间：2015年3月12日，报告地点：红河县三村乡三村村螺蛳寨村。
② 报告人：段好福，报告时间：2015年3月12日，报告地点：红河县三村乡三村村螺蛳寨村。
③ 杨六金、王亚军：《哈尼族沟渠文化研究》，95页，载《云南社会科学》，2011（6）。
④ 杨六金、王亚军：《哈尼族沟渠文化研究》，95页，载《云南社会科学》，2011（6）。

时，他们的回答是按四份来承担费用。以上的问答足以让人混乱，而混乱的原因就在于村民用权利和义务互相解释的观念及其实践，在他们的观念中四大份似乎既是权利也是义务，既是义务也是权利。于是，我们的混乱由“四大份”而生，而“份”在本章的语境中似乎就是一个既包含“权利”也包含“义务”的本土观念。

二、权利、义务与“份”

权利和义务不分一直被认为是初民社会或者原始社会的法律文化，此观念至今依然是我国法理学界多数法学家讨论“权利”概念的学术起点。夏勇在《人权概念的起源》一书中认为，权利和义务不分是初民社会的状态，随着个人主义的兴起，与个体性有关的主观权利概念才开始发展。[①]依照这样的逻辑，黑树林打洞梁子的四大份似乎就是初民社会的遗留物，而与现代社会无关，但“四大份”在打洞大沟管理中的应用实际上始于1984年，这足以引起我们对权利义务不分的初民社会的说法提出质疑。

1984年是黑树林地区水利纠纷较为尖锐的时期，其直接原因就是缺水。一方面，打洞大沟与临近普洱市墨江县竜宾村的用水问题一直没有解决，另外一方面由于优质杂交水稻开始在该区域推广，导致包产到户后渴望增产的村民将大量的旱地改为水田，使得该区域灌溉用水空前剧增，导致缺水。[②]在此背景下，打洞梁子的村民将过去木刻分水的共时性方法改为“四大份”的历时性分水法，最大限度保障灌溉用水的效率与公平，而此“四大份”的规范则由下文中的“嘎洒罗”祭沟仪式来组织和强化，其权利和义务不分的状态并不来源于所谓的初民社会而来源于对现实条件的调整与反应。于是，由“份”字所体现的“权利义务观”似乎是一种活态的文化资源而不仅仅是静态的法学概念。

据李恩江先生研究，“份”字在汉语中的使用主要分为两个时期。清朝以前或者更早时期读作bin，与“彬”字同音同义，故“文质彬彬”也可以写作“文质份份”。由于“份”字罕用，基本上退出历史舞台，一般存在于字书之中。[③]清朝以后，由于“分”字词项的不断发展导致意义混乱，人们重新启

---

① 具体观点参见夏勇：《人权概念的起源》，北京，中国政法大学出版社，2001。

② 报告人：段好福，报告时间：2015年3月29日，报告地点：红河县三村乡三村村螺蛳寨村。

③ 李恩江：《“份”字琐议》，30页，载《语文建设》，1998（12）。

用“份”字来承担部分任务，其中就有了“职责和权利的限度”的含义，[①] 而职责可以理解为义务，因此，“份”字在特定的语境中可以指称权利和义务。无独有偶，康有为先生也认为西文中的“权利与义务”在中国的文化中就是“名分”，“权利义务者，《春秋》、庄生谓之道，名分也。令人人皆守名分，则各得其所矣。”[②] 而“名分”就是“份”，可见，“份”既是权利也是义务的实践并不仅仅是打洞梁子的首创，而是一种中国社会比较普通的文化乃至法学观念，其最为通常的表现形式就是被社会学理解为互惠性交换的“份子钱”，而在黑树林的实践中，我们将会看到“份”的含义远远大于“份子钱”的交换行为而成为一种表达“权利和义务”的本土观念。

“权利和义务”的本土观念为什么重要？这是一个可大可小的问题。大者，权利和义务一直是现代法律制度的核心，由于此组概念的西方起源，中国并没有与其内涵和外延完全相等的语词，但中国历代的士大夫和知识分子从未停止过对它们解释、“格义”[③] 的中国化实践，使其含义最大限度符合我国的国情而更好地为中国的法制建设服务。

本章将要解决的乃是一个小问题：“份”作为权利和义务不分的本土观念为什么会在打洞梁子的水资源管理中得到很好的应用和实践？这与打洞梁子的社会构成有着什么样的联系？还有，“四大份”的规范为什么会在“嘎洒罗”祭沟仪式中年复一年得到重申、实践和生产？人们是否使用了某种方法而将与权利和义务有关的抽象概念转换为某种耳熟能详的意义和行为系统？并通过对这些意义和行为系统的再生产达到社会团结的现实与效果？而以上的文化实践又与哈尼族的传统和观念如何发生联系？总之，这是一个涉及权利和义务本土观念及其实践何以可能的小问题。

第二节 “四大份”的仪式呈现

2015 年的“嘎洒罗”于 3 月 29 日举行，早上 10 点多，两位揽头人、四位

---

① 李恩江：《“份”字琐议》，30 页，载《语文建设》，1998（12）。

② 康有为：《康有为政论集》（下册），807 页，北京，中华书局，1981。

③ 金观涛、刘青峰：《中国近现代观念起源研究和数据库方法》，97 页，载《史学月刊》，2005（5）。

把沟人和主祭人以及十几位男性相帮[①]在位于塔普的打洞大沟纪念碑前集合。搅头人安排相帮将活猪、公鸭、鸡等祭祀物品聚集到纪念碑前，整个祭沟仪式由牵鸭、祭木刻（纪念碑）、看猪肝、议事和食物分享几个环节组成。

一、仪式流程

（一）牵鸭仪式

该环节是整个祭沟仪式的序幕。把沟人用红色的绳子将公鸭从鼻孔中穿起来，自大沟的源头将鸭子放入大沟里顺渠牵至纪念碑前，从沟头到沟尾约长15公里。以往，牵鸭要花费近4个小时。近年来，仪式开始简化，只需将公鸭从村口的沟渠象征性牵到纪念碑前即可。据村民们解释，鸭是喜水动物，寓意着沟里有充足水量，鸭到哪里水到哪里，牵鸭象征着沟渠通畅。把沟人将鸭子牵到纪念碑后交给主祭人，由他来祭祀纪念碑。把沟人是集体推选出来管理沟渠的人，由他们牵鸭还有让其保障沟渠畅通的隐喻，因此，牵鸭既是祈求水源充沛也是呈现把沟人责任的仪式，当然，哈尼族很早就有用鸭子祭祀沟神、河流的习俗，[②]牵鸭自然也是祭祀沟神。

（二）祭纪念碑

打洞大沟纪念碑于1997年由打洞梁子所在的三村村公所全村集资共同修建，目的是纪念打洞大沟修建的历史功绩，塔柱南北面自上而下分别刻有“水是生命的源泉”“打洞大沟纪念碑”共14个大字；东西面分别是“利在千秋”和“功在当代”8个大字。[③]碑体是整个纪念碑的核心部分，东南西北四面都刻有文字。其中北面“打洞梁子纪念碑”下方刻有题为《执照》的碑文，反映的是打洞大沟开挖人罗相文如何取得买水契约和修缮沟渠执照的事情；南面“水是生命的源泉”下方刻有名为《光绪三十三年三月十六日堂判陆大老爷》的碑文，反映的是罗相文的生平和打洞大沟与竜宾大沟之间的争议及判决；东面“利在千秋”下方是村公所的碑记，西面“功在当代”下方刻的是打洞大沟

① 相帮：当地用语，指在村落事务中义务互相帮忙的人。

② 杨六金、王亚军：《哈尼族沟渠文化研究》，95页，载《云南社会科学》，2011（6）。

③ 嘉日姆几、石吓沙：《非“民族”的民族问题——黑树林水利纠纷的人类学研究》，载《法律和社会科学》第13卷第2辑，58页，北京，法律出版社，2014。

过去的水份表一份。①

鸭牵到祭祀点后，主祭者将“引水”公鸭和早已准备好的一只公鸡、两只小鸡一同宰杀，用血来祭祀纪念碑。据主祭人说，过去是用这些动物祭祀分水木刻，纪念碑立起来后改为祭祀纪念碑，尽管祭祀的对象变了，但其意涵依然存在，木刻祭祀意味着对分水方式和相关村规民约的遵守，是一种对传统分水规范的强化。据村民们讲，主祭人比较固定，一直由塔普村的周大爷来担任，与揽头人推举方式不同，主持祭祀历来是老周家的权利，据说老周家已在这条梁子居住了十五六代人，而其他多数人家却只有五六代人的历史。

其他祭品还有一碗生米、一枚生鸡蛋、十元钱和摆在纪念碑前的三杯酒、两炷香。主祭人基本保持着沉默，并无祭祀语可讲，据当地人解释，祭祀活动是老祖宗传下来的规矩，因此不需过多的阐释和诉说。祭祀结束后，众人将鸭子、鸡拔毛处理后连同生鸡蛋一起放入一口小锅。此时生猪已经宰杀，生猪宰杀后要选择两块上好的猪肉悬挂在纪念碑旁，这两块肉要在整个仪式即将结束时分配给下一年的揽头人，既是对下一年揽头人的犒赏也是对大沟祭祀制度的继承。

（三）肝卦、胆卦

主祭人要用猪肝和胆在纪念碑前看卦象。哈尼族有用猪肝、猪胆看卦的习俗，村寨或家庭每逢重大节日或仪式，若祭祀物中有猪的话，猪破肚后第一件事就是请村里或家族长老看猪肝，卜村里或家里的吉凶。猪肝卦主要卜牲畜、庄稼、人的吉凶。胆囊、肝右叶、肝左叶、韧带以及方叶等都是用来观察吉凶的部位。胆囊一般看饱满程度，不能太饱，也不能太瘪，适度视为好兆头，若太瘪或太饱满将视为不吉；肝左右叶看的是光滑度及色泽，非常光滑及色泽很好就视为吉利，反之则视为有凶险。祭沟仪式看的猪肝卦，主要象征整条梁子的吉凶，而不仅仅是一个村或一个家庭，据主祭人周大爷解释，本次祭沟仪式万事大吉，无任何凶险。猪肝看完卦以后，将其放入已装有鸭、鸡、生鸡蛋和大米的锅一起熟煮，为第二次祭祀做准备。

① 嘉日姆几、石吓沙：《非“民族”的民族问题——黑树林水利纠纷的人类学研究》，载《法律和社会科学》第13卷第2辑，58页，北京，法律出版社，2014。

（四）议事

猪肝看完后就是议事时间。2015 年的祭沟仪式上，村民商议的是由于打洞大沟穿过公路，公路两边不断在修建房屋，垃圾顺沟流入公路下面的涵洞导致堵塞。村民认为这是把沟人的职责，而把沟人则认为堵塞的原因由村委会的建设引起，应该由村委会负责。大家的争议比较激烈，但最后一致认为疏通涵洞在把沟人的职责范围内，并责令四位把沟人第二天开始疏通沟渠。第二天，把沟人辛苦工作一天后将沟渠疏通。由此看来，祭沟仪式中商议与沟渠有关的事项已成为仪式中的一个环节。

以上的仪式流程我们几乎看不出“四大份”的痕迹，这些仪式与哈尼族居住地区一般的献祭没有太大的区别，唯一具有地方特色的是对纪念碑的祭祀。纪念碑实际上承载着整个打洞梁子和大沟的历史记忆，本章将在后面讨论此问题，而“四大份”的意义将在接下来的食物分享的过程中得到清晰的表达和呈现。

二、“份”之分配

（一）份之汇聚

进入熟祭环节，主祭人要捞出煮熟的猪肝、公鸭、公鸡、两只小鸡以及熟鸡蛋放置到大沟纪念碑前进行二次祭祀，祭祀过程与祭祀纪念碑类似，整个过程人们仍然没有祭词，祭祀显得沉默而庄重。熟祭之后，鸭子、鸡、鸡蛋、猪肝将切成小块混合在一起，由主祭人、四位把沟人、两位揽头人、相帮和部分年长者共同分食，他们代表集体对食物进行象征性摄取，这也是整个大沟祭祀过程中的第一次分食，这些优先食用献祭品的人我们可以称为祭祀集团。祭祀集团代表的是八个参与分水的村寨，从祭祀和祭祀物的角度看，是一个由不同祭祀品混合的过程，也是不同力量汇聚的过程，祭祀集团表达的是集体。最为重要的是，通过祭祀使得食物获得了某种神性，分食的过程也是感知神圣性的过程，祭祀集团所分享的食物代表村寨灌溉共同体。

（二）份之分配

第一次分食时会预留一部分祭品，各大份派代表从整体中分得属于自己的猪肉后，揽头和有威望的长者负责将猪肉和预留的鸡、鸭、猪肝分成均等的四份转交给各大份的代表们，除了肉食类还有大锅里煮好的包心菜也一同分配。此分配环节是将作为整体的肉菜初次划分为四大块，整体在此意义上开始转换为四大份，其意义开始显现，从抽象的“一”具体化为可以看得见、吃得到的四份食物。四大份从仪式中获得食物后又要进行再次分配，最终要分配到各个村寨的每家每户，而各家分配到的食物不能带回家中去，需要在各自村落通常举办公共活动的空间进行集体分食。笔者发现，每个大份分配到食物后各家户便派家庭代表参加分食仪式，食物在这个阶段并不是按照四大份分配的原则讲求绝对均等，而是根据参加聚餐的餐桌数目来分配。

但是，此分配的环节还是以家户为单位，仍然代表着家庭和“四大份”中的每一大份，作为个体的人在仪式中并未得到关注。同时，各大份只是获得了祭祀用的肉类，而各个家户则要自备米饭。此刻，分食过程出现了与祭祀集团分食大米和荤肉不同的结构，前者的食物代表了一种整体性和神圣性，而米饭则是家户的象征，是一种部分的表达，通过米饭和荤肉的结合将集体性和以家户为代表的部分连接起来，这个过程恰似大沟里的水导入家户农田的过程。最后，两块挂在纪念碑旁边的上等生猪肉要由次年负责祭祀的小组长分给愿意担任揽头人的村民，下年仪式将由新的揽头人负责组织，生肉所隐喻的责任和义务也将由此延续下去。

在聚餐之前，各家各户将分摊到的钱交给揽头人。这些费用是以家户为单位的，由家户的“份”构成的整个四大份就成为了“嘎洒罗”仪式的“主家”，通常情况下，我们会将此祭祀群体称为“祭祀圈”，但“祭祀圈”的说法因倾向于实体论而无法解释其生成性构成特征，而本章中的四大份似乎可以将“祭祀圈”分解为可以追踪的“份”，“份”也因此具备了行动主体的主体性。

“四大份”在最为抽象的层面就是权利，但此权利观念似乎要经过类似于物化的表达才能深入乡村社会的意义系统，在“嘎洒罗”仪式中，四大份通过食物的分配得以可视化，最终转换为可以感受到的实实在在“权利”。因此，“嘎洒罗”仪式年复一年的实践其实就是强化“四大份”权利意识的再教育过程，而此意义系统似乎借用传统说话，哈尼族用鸭祭沟神的传统由来已久，“四大份”虽然始于 1984 年，但其依然附着在过去的意义架构上，因此，“四大份”的意义系统由献祭和食物分享的从虚到实，从部分到整体，再由整体到部分的过程所塑造。

同样，这种从抽象到具体的转换似乎并不突然，甚至并没有丝毫由权利和义务的哲学化解释所带来的混乱，此明晰性似乎就是由打洞大沟仪式主家的构成及其象征系统来实现的，也就是说，权利和义务在仪式主家组织过程中被构成主家的“份”所代表和整合。在打洞大沟的祭沟仪式中，作为主家的“四大份”既是仪式的出资者也是仪式所要服务的真正对象，这就是为什么仪式分食过程中要将象征整体的献祭品混入下一级分配的原因。此象征意味着整体只有在部分中才能得到其作为整体的统一性，而部分也只有融入整体的统一性中才是可以理解的部分，然而，这些意义系统又如何规范或者引导相关的行为系统呢？

第三节 “四大份”的行为系统

四大份作为水利管理的制度或者规范必须行之有效才会得到人们的遵守甚至是信仰，而这种有效性恰好就是四大份取代传统木刻分水的原因。打洞梁子至今依然是个传统的农业社会，农户对水的依赖几乎没有太大的改变，“四大份”的轮水制度惠及每一个家庭。所以，分水构成“四大份”行为系统的框架，但对于个体家户而言，分水似乎是自然而然的事，水流进自家的田似乎是某种结果而不是起因，“四大份”的行为系统似乎由主动、被动两种行为方式构成，主动与付出、劳动和义务相对应，被动则与获得、使用和权利相对应，而“四大份”的行为系统似乎源于人们对水的分配和使用。

一、“四大份”之源

“四大份”由轮水开始，而轮水的依据是大沟之水流经的村落布局。哈尼族的村寨一般比较密集，户与户之间靠得比较紧。村寨的田一般也集中在相对固定的区域，这是由水的流向、山势来决定的。在打洞梁子轮水的单位其实是村寨，每一个村寨共有一个分水口，再从此分水口进一步将水分到各家各户的田里。“四大份”既是一个整体也是部分，如果从代表整体的“四大份”开始，打洞梁子“份”的分层体系就是：“四大份”——各大份——小份，其对应的是：打洞梁子——村寨——家户的分层体系。因此，“份”有着抽象到具体的观念和实践，“份”可以是水利共同体，也可以是村寨，还可以是家户。“份”可以是水量、钱粮，也可以是劳动，而对于“份”的理解则始于对水量分配的“公平”与“正义”的需求和感受。下面是“四大份”具体的水份情况（见表2-1）。①

表 2-1 “四大份”及村寨所占份额统计表

“四大份”	村寨	总户数	灌溉用水户数	所占各大份份额	各村寨的轮水时间	每家人的轮水时间
第一大份	墨江黑树林	20 多户	10 几户	1/8	3 小时	根据需要灌溉
	螺蛳寨	119 户	80 多户	7/8	21 小时	15~20 分钟
第二大份	红河黑树林	88 户	23 户	1/3	8 小时	根据需要灌溉
	达东	51 户	48 ~ 49 户	2/3	16 小时	20 分钟左右
第三大份	塔普	64 户	64 户	1	24 小时	23 分钟
第四大份	下达东	32 户	14 ~ 18 户	5/12	10 小时	35 分钟左右
	田房	39 户	39 户	1/2	12 小时	18 分钟左右
	龙洞	22 户	3 户	1/12	2 小时	20 分钟左右

第一大份：因螺蛳寨的田用水比较多，墨江黑树林的田用水较少，因此共为一大份，螺蛳寨占一大份的 7/8，墨江黑树林占一大份的 1/8。

第二大份：红河黑树林虽然家户比较多，但其田多在黑树林下方，因有一些小沟小箐的水可以引来灌溉，完全依靠打洞大沟水来灌溉的人家不是很多；达东虽有几家人的田分散在其他地方，用不到打洞大沟的水，但总体来说对大沟水的需求仍然很高，因此红河黑树林与达东村为一大份，红河黑树林占 1/3，达东占 2/3。

第三大份：塔普虽然只有 64 户人家，但是整个寨子生产生活都用到打洞大沟的水，因此塔普单独为一份。

第四大份：下达东有 32 户人家，其中 14—18 户的田用到打洞大沟的水；田房有 39 户人家，几乎都用到打洞大沟的水；龙洞在打洞大沟的最底部，龙洞有自己的出水井，打洞大沟的水也流不到龙洞，按理来说应该不参与“四

① 此表格由云南省民族研究所杨漪调查、整理，特此说明并感谢。

大份”，但因为龙洞有 3 家人的田在田房，也用到沟水，因此也算在其中，龙洞、田房和下达东为一大份；其中田房占 1/2，下达东占 5/12，龙洞占 1/12。

从以上的调查可以看出，尽管“四大份”具有逻辑和时间上的平等性，但由于各大份家户和田地数量不一致，“四大份”在分解的过程中出现了差异，有些村寨人口户数比较多，因此每家轮水的时间比较少，其中最少的是田房，每家只能轮水 18 分钟；而有些村寨人口户数比较少而轮水时间比较多，多得可以根据需要随意灌溉。这看似显得有些不公平，但是在接下来的仪式费用承担中，我们将会发现村民对此还有不同的看法。“四大份”通过对轮水行为的规范保证了打洞梁子水量分配的正义性，而此正义性同时也由沟渠管理、修缮中劳动付出的行为得到体现。

整条打洞大沟长约 15 公里，除了上游近一公里是三面管以外，其余部分都是单面管，雨水、漏水经常导致沟渠塌方，整条大沟在山中蜿蜒通行，一旦有塌方或者毁坏，其修缮成本就比较大。打洞梁子将水沟管理的义务分成不等长四段，每一段由各大份负责。由于从沟尾走到沟头需要近两个小时，因此负责上游修缮的管护里程分得短；下游已经在村寨附近，走路时间短，所以他们管护的里程就更长。由此看来，“四大份”并不仅仅是平均主义，它也有着情景性的公平。“四大份”首先是保障生存需求的规范性行为，然后才是满足此需求的公平性行为，因此既是权利的“四大份”也是义务的“四大份”，而权利和义务的转换和体验则是由祭沟仪式的费用摊派和支付的行为来呈现的。

二、“四大份”之体

“嘎洒罗”仪式按照“四大份”的原则来展开。鉴于仪式有开销，由两大份联合组织该年份的祭祀活动，其余两份则在次年组织祭祀，依次循环，这其实也是“四大份”的变体。仪式的组织者是揽头人，由组织该年份祭沟仪式的两大份各推一人组成，两位揽头人其实在上一年祭沟仪式中已经确定，他们的报酬是上年祭祀活动中的上等猪肉各两公斤。

揽头人可以自愿承担，如果没有人愿意承担，就由村民小组长来安排，实在没有人承担则由村民小组长自己负责。揽头人要在祭祀大沟的前一天聚集主祭人、把沟人进行祭祀事宜的相关安排。揽头人主要负责祭祀物品的购置与准备，一般物品都是出自村寨的几户人家，由揽头人联系负责购买，费用需要在祭沟仪式结束后由集体结算并从各大份分摊给每家每户，收齐后再付给货主。

2015年的祭祀由田房、下达东、龙洞和达东、红河黑树林来组织。揽头人分别是来自达东的村组长李某某和田房的张某某。两个揽头人一起联络并采购祭祀所需物品，分别是：一只鸭子、一只公鸡、两只小鸡、一头猪、370斤柴、盐、味精、金白菜、酸菜以及祭祀用的酒、米、鸡蛋和10元钱，共计3277元。除此之外，杀猪用的刀、煮菜和煮肉用的三口大铁锅、一口小洋锅都是从塔普借来的。整条梁子共有2000多人400余户，如果每家只有一人参加仪式聚餐，就餐人数也在400人左右，由此看来，聚餐也是该仪式重要的环节与形式。仪式的花销均摊为“四大份”，每个大份需要拼820元，每个大份再依据村寨的家户数进一步分摊，各村寨所拼费用见表2–2：

表2–2　四大份中各个寨子平摊费用统计表

四大份	寨名	各大份的总费用	村寨所占各大份份额	各寨总费用	总户数	参与户数	每家所出费用	合计
第一大份	墨江黑树林	820元	1/8	102.5元	28户	28户	未均摊	102.5元
	螺蛳寨		7/8	717.5元	119户	119户	6.1元	725.9元
第二大份	红河黑树林	820元	1/3	274元	88户	24户	未均摊	274元
	达东		2/3	547元	51户	51户	10.8元	550.8元
第三大份	塔普	820元	1	820元	64户	64户	13元	832元
第四大份	下达东	820元	5/12	342元	32户	32户	11元	352元
	田房		1/2	410元	39户	39户	11元	429元
	龙洞		1/12	69元	22户	3户	23元	69元

第一大份：墨江黑树林有28户人家，占一大份的1/8，算下来是102.5元，但是实际来参与分肉、分菜的人家不多，按照意愿参与，由于所出费用较少，他们的费用没有均摊到每一家，而是由村里支出。螺蛳寨有119户人，占这一大份的7/8，算下来是717.5元，全村参与，平均下来每户人家需要交6.1元。

第二大份：红河黑树林有88户人家，占一大份的1/3，算下来是274元，但因为红河黑树林所占份额较少，不是每家人都来参与祭沟分肉，红河黑树林轮流每年24家人来参与，所拼费用先由村组长垫付，村子举行其他比较大的仪式（例如祭庙、过年等）的时候，再算到大的仪式费用中，由村民平摊。达东有 51 户人，占一大份的 2/3，算下来是 547 元，平均每家需要平摊 10.8 元。

第三大份：塔普有 64 户人家，因为塔普用到打洞大沟沟水的田比较多，因此整个塔普为一大份。平均下来每户人家平摊 13 元。笔者询问塔普村人，他们比螺蛳寨出的钱多，是否会觉得不公平。他们的回答是：拼的钱多，水分得的比较多，不会觉得不公平。

第四大份：下达东有 32 户人家，占一大份的 5/12，算下来是 342 元，每家平摊 11 元。田房有 39 户人家，占一大份的 1/2，算下来是 410 元，每家平摊 11 元。龙洞有 22 户人家，有自己的出水井，并且打洞大沟的水也无法流到龙洞下面，所以龙洞村的人很少用到打洞大沟的水。但是龙洞村有 3 家人的田在田房上面，因为这 3 家人需要用水，因此龙洞占了一大份中的 1/12，算下来是 69 元，由三家人均摊，每家平均要平摊 23 元。

实际上，由于龙洞上来种田不方便，田房有三家人的田刚好在龙洞下面，也比较远，所以田房的三家人就与龙洞三家人交换了田。龙洞人的田，现在由田房人来种，拼钱的时候也由他们来拼。田房的这三家人虽然比田房其他人拼钱多一些，但是他们也觉得很公平，因为这三户人家可以多使用两个小时的水，水量比较充足。与村民的交谈让我们深刻感受到，村民并不将在“嘎洒罗”仪式中承担的费用理解为所分得食物的价值，而是将其理解为水份的价值，也就是说，村民在仪式中的支出似乎购买了今年的水份，因此，所花的费用与水量的多少成正比。这是一个比较有意思的发现，因为仪式的成本突然消失，人们在仪式中的食物似乎不需要任何费用，祭沟仪式似乎具有了市场的功能，人们在这里购买了安全与丰产。所以，分摊仪式费用的行为直接对应分水行为而构成一个系统，祭沟仪式似乎只留下整体和部分的意义。而份与户是整个仪式组织的基本单位，“四大份”既是一个整体也是部分，作为整体的“四大份”代表整条梁子，其范围由参与水份的各村寨各户构成，各户也因此而承担相应的仪式费用。很明显，这是一种村寨集体主义的组织形式，家户是份可以到达的最小单位，通常可以看到的个人在仪式中完全消失，而此集体主义似乎就是“四大份”的体制所在。

通过对水份分配行为和沟渠修缮、仪式费用支付行为的讨论，我们发现权利和义务之间互相联通，主动行为的义务性投资就是为了获得权利性用水，它们之间的转换就是通过仪式中食物的象征性分配而得以表达和实现的，因此，权利义务不分的原因似乎就在与权利和义务的整体性框架，也就是说，在一个整体和部分互相拥有的集体主义逻辑里，权利和义务不分才是真正的常态，在打洞梁子中，“四大份”指向不一的行为系统巧妙地在仪式中被呈现和转换，其主动与被动之分也因整体性框架的包容而消失。由此看来，“四大份”的意义系统似乎并没有引导行为，而只是将各种行为吸引到仪式的意义生产中来，构成一个既是整体也是部分的“四大份”。

第四节　作为符号的“四大份”

一、历史记忆

打洞大沟附近的村寨共有7条大沟，平均7—8公里长，其中一条与打洞大沟齐名的叫竜宾大沟，几乎与打洞大沟等长。这些沟渠全部自上而下从洛西河中引水，处在洛西河源头的是竜宾大沟，其下1公里处才是打洞大沟的引水口。这些沟同源异流，其中打洞、竜宾二沟挖通的年代最为久远，前者修建于1761年，后者建于1890年前后。①

据打洞大沟纪念碑碑文记载，打洞大沟由一个叫罗相文的湖南籍汉族商人出资开挖，竜宾大沟是由墨江一家孙姓汉族大户出资开挖，它们的产权属于私人，中华人民共和国成立以后归为集体。②过去，打洞大沟一直在农历二月举行祭沟活动，但都属于家族行为，并没有上升到村落仪式的高度，而竜宾大沟则一直没有祭祀沟渠的习俗。同样，周边其他同源异流的沟渠至今也没有祭沟活动。如前文所述，“四大份”始于1984年，打洞梁子在制度层面用“四大份”改造了过去规模较小的祭沟习俗，再造了一个在该区域规模最大且独一无二的“嘎洒罗”祭沟仪式。

以上的讨论其实引出这样一个问题，竜宾大沟祭沟仪式的“无”似乎生成

① 嘉日姆几、石吓沙：《非“民族”的民族问题——黑树林水利纠纷的人类学研究》，载《法律和社会科学》第13卷第2辑，58页，北京，法律出版社，2014。

② 嘉日姆几：《民族问题社会建构的随机过程及马尔科夫性策略》，35页，载《西南民族大学学报》，2015（8）。

了打洞大沟祭沟仪式的“有”。也就是说，祭沟仪式依然有着对抗的象征，仪式同样也是做给别人看的，而此别人在很大程度上就是长期与自己争水的竜宾大沟，因此打洞大沟的祭沟行为同样是一种表达情感的符号。1997年打洞大沟纪念碑的修建，同样也是以纪念之名表达认同之实，并将与打洞大沟有关的多数文书刻在纪念碑上以示天下，成为争取合法性的标志性符号。

有意思的是，现在的纪念碑不仅成为祭祀对象还成为祭祀活动的公共空间，2015年的祭沟仪式中，主祭人将鸭、鸡的血抹在纪念碑上，甚至还有村民从家里带着酒和香，直接祭祀纪念碑并磕头，而这位村民的解释是因为纪念碑中有自己直系祖先的名字。当我们问到为什么要祭纪念碑并献祭品时，村民们的回答是他们在祭祀对大沟的历史有贡献的所有祖先。我们认真解读以后发现，纪念碑中有着“权威”“祖先”“公平”“荣誉”等隐喻，村公所的碑记意味着“权威”，碑文中出现的人名意味着“祖先”，而分水表意味着“公平”，而关于纠纷的判决则意味着“荣誉”。以上的每一项隐喻都与整个打洞梁子的历史有关，与打洞大沟的历史有关，纪念碑因此而成为打洞梁子的认同及其符号，而这些认同和符号则又镶嵌在“四大份”的制度中，因此，四大份已经成为打洞梁子区别于其他大沟的融历史记忆、制度资源于一身的象征符号。

因此，本篇开头关于权利义务不分的讨论不仅仅是个法学问题，同样也是一个文化问题。打洞梁子用纪念碑的形式将权利和义务交给了历史上的认同和共同记忆，使得权利和义务不仅成为道德，还成为集体。此集体不仅可以成为制度还可以成为信仰，“法律与宗教一样起源于公开仪式，这种仪式一旦终止，法律便丧失其生命力”，[①] 正如伯尔曼所言，此处的四大份依然是信仰：打洞梁子的祭沟仪式年复一年地将权利、义务进行连接并创造二者不分的“集体观”，而这些抽象观念的有效性恰恰来自于人们将其分解为可以直接感受的“权威”“祖先”“公平”和“荣誉”等历史记忆和情感符号的文化技术及其实践。

二、村寨与区域

“四大份”的产生除了形势所迫以外还跟区域认同有着很大的关系，在打洞梁子，很多人直接用“四大份”来指称整条梁子，“四大份”因此成为区域

① ［美］伯尔曼著：《法律与宗教》，梁治平译，23页，北京，中国政法大学出版社，2012。

认同的符号和方式。长期致力于哈尼族社会文化研究的马翀炜教授认为，哈尼族村落具有“村寨主义”的特征。他理解的村寨主义是指以村寨利益为最高原则，来组成和维系村寨社会文化关系的社会文化制度，此类村寨有明确的物理空间标识，并用系统的村寨性宗教祭祀活动来建构和强化村寨的神圣空间，村民的集体行动遵循以村寨为中心的文化逻辑。①

在打洞梁子，除了墨江黑树林、红河黑树林两个汉族村寨以外，这种村寨主义的特征依然清晰可见，塔普、螺蛳寨等哈尼族村寨每年都会隆重举行祭竜仪式，而“竜林”就是村寨的寨神所在。祭竜仪式必须在村寨十分“洁净”的情况下举行，2015年年初我们在黑树林调查期间，螺蛳寨就因为连续去世了两位老人而不得不两次延期祭竜仪式。前文祭沟仪式中将祭祀食品混入“四大份”的逻辑在竜林祭祀中依然存在，整个村子只用一只鸡共同祭祀竜林，家户再从集体处分得一小块具有神圣性的“竜肉”回家，宰杀另外一只鸡后将此“竜肉”与其混煮而食用。因此，打洞大沟祭沟仪式的食物分享依然沿用了竜林祭祀的文化传统和象征手法，而此文化意义则来源于强调村落一体性的“村寨主义”。

作为水利共同体认同的“四大份”制度就是对村寨主义的限制和发挥，这一制度源于村寨主义的同时还高于村寨主义，或者说，“四大份”就是打洞梁子跨村寨的“村寨主义”，因此，“四大份”既是村寨认同的产物，也是区域认同的产物。在此意义上，打洞大沟纪念碑就是打洞梁子集体的“竜林”，“嘎洒罗”仪式就是打洞梁子的“祭竜”仪式，而“四大份”就是打洞梁子共同的符号或者“竜标”，更有意思的是，打洞梁子这一辉煌的“竜标”恰恰来源于竜宾汉族村寨的“竜标”缺失，在此意义上，“四大份”依然是抗争的结果，这难道不就是安东尼·吉登斯等所说的“自反性”？②

第五节　结语

每次回到打洞梁子，螺蛳寨的段好福大叔都会问同一个问题：“老人们说打洞梁子的水份一共是19份半厘，而打洞大沟纪念碑上的水份是29份，我真

① 马翀炜:《村寨主义的实证及其意义——哈尼族的个案研究》，207页，载《开放时代》，2016（1）。
② ［德］乌尔里希·贝克等:《自反性现代化》，赵文书译，146页，北京，商务印书馆，2000。

的不明白是老人们错了还是大碑错了？”同样，我们也会问同一个问题：“打洞梁子为什么用‘四大份’来轮水而不是三大份或者五大份？”我们访问过参与“四大份”改制会议的多数人，大家都认为是根据过去木刻分水的水份来确定的，“四大份”并不是新发明。但是，大碑上记载的水份总量一共是 88 寸 6，涉及 29 份水，其中有些份是村寨，有些份直接是田，与“四大份”没有丝毫关系。① 直到有一天，好福大叔指着螺蛳寨的分水口说：“过去螺蛳寨的水份最大，与它差不多的还有其他三个水口”，顷刻间，“四大份”的由来忽然清楚，原来“四大份”指的是从大沟分出的四个最大的一级分水口，我们此前一直用数字和田口来理解四大份，而忽略了四大份源于习惯的可能性，也就是说，四大份首先是习惯然后才是末梢的“份”。“四大份”一直存在，只不过被木刻分水的共时性方法淹没了其差异和属性而已，而轮水的历时性方法却凸显了此差异和特征。

如果说木刻时代是“四大口”的话，那钟表时代才是“四大份”，于是，“四大份”不仅不是初民社会的遗留反倒是现代社会的创造。“四大份”是水利管理的制度，但并不仅仅只有制度那么简单。“四大份”借用了哈尼族祭沟习俗的形式，但利用了哈尼族“村寨主义”祭竜仪式的逻辑，将水资源分配的权利和义务可能导致的行为冲突整合进集体主义的文化架构里，客观上造就了一种权利义务不分的制度信仰及其实践，而此实践是通过意义、行为和符号之间的不断转换和连接来实现的。“四大份”有着其特殊的历史背景，是打洞梁子为了适应不断产生的社会问题而进行的制度再造，但是，如果此项制度会“思考”的话，其思考的主体不是制度本身，也不是生活在制度里的个人，而是情景性的以家户为单位的“份”。此“份”的实践环境和边界就是包括村寨主义和水利共同体在内的集体主义逻辑，因此，“四大份”既是权利，也是义务，更是集体。

① 限于篇幅，水份表在文中已省略，现刻于打洞大沟纪念碑。

清中叶以来滇南黑树林地区地权新秩序中的多民族互动

第一节　问题的提出

人类学关于殡葬的研究不仅与生死观、社会团结、祖先归属权、国家意识形态的民间标准化等话题紧密相连[①]，同时因坟地衍生的土地权也得到学界的讨论。拉德克里夫-布朗（Radcliffe-Brown）在安达曼岛发现，不管是土葬还是树葬，人们将一种羽状饰物系到坟墓附近的树枝、灌木或者他们特地竖起的木棍上。他们还将坟墓周围一小段距离内的灌木清理掉。[②]其目的是告知靠近此处的人，此处埋有本族逝者，其他人不得靠近或者占用。梅耶·福蒂斯（Meyer Fortes）在塔兰西人亲属制度网络的研究中发现，某些埋葬祖先的坟地——往往也是品质优良的耕地，逐渐会成为凝聚世系群团结的圣地，出卖祖先的坟地会成为本世系群的罪人。[③]对此沃斯利（Peter Worseley）提出挑战，他认为福蒂斯将坟地的作用过于实体化，坟地只不过是人们行动的一种策略或

① 这些话题的有关研究有：（1）国家意识形态在民间标准化操作的代表人物有华琛（James L.Watson），参见 James L.Watson. The Structure of Chinese Funerary Rites Elementary Forms，Ritual Sequences，and the Primacy of Performance. In James L.Watson&Evelyn S.Rawski eds. *Death Ritual in Late Imperial and Modern China*，Berkeley．University of California Press，1998.（2）有关生死观的讨论如华如璧（Rubie Watson）的"Remembering the Dead：Graves and Politics in Southeastern China."（3）有关宗族社会团结讨论的如许烺光：《祖荫下：中国乡村的亲属、人格与社会流动》，台北，南天书局有限公司，2001；Emily Martin 的 *The Cult of The Dead in a Chinese Village*：Stanford University Press，1973.（4）祖先归属的则有 H.G.Nelson 的《祖先崇拜和丧葬实践》，彭泽安译，见武雅士：《中国社会中的宗教与仪式》，彭泽安、郭铁峰译，南京，江苏人民出版社，2014。

② ［英］拉德克里夫-布朗著：《安达曼岛人》，梁粤译，79 页，桂林，广西师范大学出版社，2005。

③ Meyer Fortes：*The Web of Kinship among the Tallensi*. London：Oxford University Press for the International African Insitiue，1949.

者借口。塔兰西社会作为父系世系群，财富是由长子继承而幼子需迁离本地另辟新的土地。埋葬祖先的土地开发成耕地的时间久且经常施肥，因此土地肥沃。福蒂斯认为父亲年迈时幼子返乡是孝道的体现，然而沃斯利认为幼子回来更多是为了获得肥沃土地的分配权。按照塔兰西社会的规定，继承人在场时就具有获得土地分配的资格。那些抛荒但曾经有祖坟的土地可以重新进入分配从而成为新的世系群的财产。① 根据沃斯利的观点，对祖先坟地所在土地资源的分配是权力生成的基础，这也体现了人们为获得土地采用各种手段的社会能动性。在中国社会的研究中，坟地作为获取土地权的象征资本也被学者关注。景军通过大川村孔氏家族坟地的迁移讨论了祖先坟地是故土家园的重要标识，具有集体产权的意义。② 陈柏峰认为祖坟可以被归入"祖业"，并成为后代控制地权，进行"祖业声索"的重要要素。③ 张小军认为中国社会缺乏充分的个人地权，故象征的剩余地权十分重要，甚至占有主导地位。地权的不确定性和模糊性，给土地象征资本的生产以更大的空间。④ 依据坟地进而获得荒地开发权是土地象征资本最重要的变现方式之一。

2018 年 11 月、2019 年 4 月，笔者在滇南黑树林打洞梁子的两次田野调研中获知，清代中晚期，汉族、白族等逐渐进入这一地区，这些外来移民将祖坟作为占山圈地的显著标识，以此谋取当地地权秩序中的优势位置。历史上黑树林哈尼族居住地区的"葬坟圈地"实践，为认识中国传统民间社会地权的获取方式尤其是多民族地区的社会经济关系，提供了富有新意的民族志线索。本研究关注的焦点是清中叶以来汉族、白族等进入滇南黑树林地区的历史过程中，外来移民获取地权的多元路径，以及这一实践如何与哈尼族先占制度产生"结构并接"关系，加深了该地区各民族之间的文化交流与互动。

① Peter Worseley：*The Kinship System of the Tallensi：a revaluation*. Journal of the Royal Anthropological Institute, 1956（86）：37—73.

② 景军著：《神堂记忆：一个中国乡村的历史、权力与道德》，吴飞译，福州，福建教育出版社，2013。

③ 陈柏峰：《"祖业"观念与民间地权秩序的构造——基于鄂南农村调研的分析》，194—217 页，载《社会学研究》，2020（1）。

④ 张小军：《象征地权与文化经济——福建阳村的历史地权个案研究》，121—135 页，载《中国社会科学》，2004（3）。

第二节 清中叶以来外来移民的进入与黑树林的山地开发

滇南红河山区的水热条件优越，农业开发的历史和水准在整个云南都是比较突出的。唐代樊绰《云南志》称："蛮治山田，殊为精好""浇田皆用源泉"，指的很可能就是这一地区。嘉庆初临安知府江濬源说红河地区"内地民人，贸易往来，纷如梭织。而楚、粤、蜀、黔之携眷世居其地，租地营生者，几十之三四"[①]。

清中叶以前，打洞梁子居住的是哈尼族白宏人，他们的传统生计模式可以概括为竜林、村寨、梯田、水系的"四素同构"。竜林位于村寨上方，是哈尼族传统村寨立寨的必要条件，因为这里是梯田灌溉的水源涵养地，更是庇护村民安宁、保佑五谷丰登的寨神林。受水源限制，四素同构之下的哈尼族村寨通常在50到80户之间，土地开发相对缓慢。若人口持续繁衍，就要另寻一片竜林，作为新村寨的水源涵养地。打洞梁子现有8个自然村，但真正位于村寨上方，能起到涵养水源作用的竜林只有两处，分别是达东村的达东普玛和螺蛳寨的达崩普玛，其他村寨的几处竜林已是纯粹的神圣领地，不在村寨上方，不能涵养水源。由本地现存碑刻文献等资料可知，清中叶以后，汉族、白族等外来移民进入黑树林打洞梁子，兴修打洞大沟，从西北十多公里外的墨江县龙坝镇娘埔村引得水源，解决了打洞梁子灌溉用水不足的问题，打洞梁子荒山得以开发，山区得到改造。所以两处涵养水源的竜林现对应了8个自然村，大大突破了四素同构对山区人口承载力的限制。打洞大沟的使用、管理和维护衍生出"刻木分水""四大份"等水利制度，把进入打洞梁子的外来移民与本地哈尼族白宏人紧密联系在一起，成为共用一沟水的灌溉共同体。

① （清）江濬源：《条陈稽查所属夷地事宜议》，《介亭文集》卷六，嘉庆十三年（1808）镌。

第三节　黑树林打洞梁子“葬坟圈地”的地权新秩序

清中叶以来，汉族、白族等作为外来移民将先进的水利灌溉技术带入黑树林地区，打洞梁子的山地开发进入一个新的历史阶段。田野访谈及碑刻文献等资料均表明老罗家、老杨家、老丁家、老段家、老关家等散户移民除充当佃户或者携款买地之外，还通过在无主荒山埋葬祖先的方式，圈占土地、开为农田、据为己有，从而在当地获取地权。本地哈尼族白宏人面对地权再分配的现实挑战，很快习得木棺土葬、立碑垒坟的文化习俗。葬坟圈地的地权新秩序在黑树林打洞梁子得以确立，本地哈尼族白宏人与外来移民共同携手推动了黑树林山区的土地开发进程。

一、老罗家与老杨家的开田竞赛

打洞梁子地处红河南岸的哀牢山末端，海拔较低，属亚热带气候，水热条件较好，适宜发展农业，现开垦有近 1000 亩梯田。这里山体较为陡峭，缓坡处的大块田地无疑受到众人垂涎。“河玛”在哈尼语中是一大块肥沃田地的意思，田房村的老罗河玛和老杨河玛就是打洞梁子最好的田，虽然分产到户后，这块地的承包经营权早已易主，但老罗河玛和老杨河玛的名字沿用至今。

村民这里提到的老罗家和老杨家是清代中期以来先后进入打洞梁子的两户汉族移民。[①] 由现存石碑 [②]、纪念碑 [③] 所刻内容得知，老罗家的祖先罗相文系今湖北省阳新县人，乾隆年间做生意来到打洞梁子，从娘埔村买得水源，开挖大沟，当年即将灌溉用水引入打洞梁子，卖给打洞本地村民，转而又向村民买地

① 老罗家于民国年间再次外迁，现在打洞梁子已后继无人；老杨家后人现为打洞梁子下达东村的汉族村民。

② 石碑现存放于三村村委会，刻于民国三年（1914），曾长期立在打洞大沟沟旁。

③ 纪念碑现立于打洞大沟分水口旁，建造于 1997 年，坐北朝南，有基台、基座、塔身、塔顶四个部分。基座四面各镶一块大理石碑：东面所镶石碑题刻碑记，西面刻有一份打洞大沟的分水表，北面碑文题为《执照》附“契约”，南面碑文题为《光绪三十三年三月十六日堂判陆大老爷》。

置业。罗相文长子罗仲德等人曾在旧沟之下另开新沟，于嘉庆七年（1802）呈报元江直隶州，申领土地执照，取得私有权，成为已业。老杨家是嘉庆年间进入打洞梁子的，比老罗家晚一些，但人丁兴旺，后来居上，在开垦田房村缓坡良田的过程中与老罗家展开了一场竞赛。而老罗家在实力不济的情况下，居然通过埋葬死犬冒充祖坟的方式，抢占了先机。诚如打洞梁子村民所言，“墓碑不值钱，文字才值钱”，垒坟刻碑为的是在墓碑上刻上祖先的名字，为占山圈地制造依据。

二、老丁家的三处祖坟山

2019 年 4 月的田野调查，恰逢清明节，笔者得以跟随老丁家后人丁树清一起祭扫祖坟。据丁氏族谱[①]，明初丁氏祖先随沐英大军南征，后戍边屯田，“开枝散叶”，落户云南。打洞梁子的这一支是道光年间迁居至此的，丁树清为老丁家进入打洞梁子的第七代。自迁居打洞梁子，老丁家一直住在黑树林村，但丁树清祭扫的祖坟却分作三处，分别是田房村附近的一世祖、二世祖，下达东村附近的三世祖、四世祖以及塔普村附近的五世祖、六世祖。对于将祖先分散埋葬在三处祖坟山一事，丁树清自有解释。

> 按道理么，老祖应该都要埋在一起，但那会儿大家都把老祖埋在不同的地方，刻上墓碑。应该是清朝快要结束的时候，我的爷爷经常去扫墓，告诉我们老祖的墓分开埋是我们的不孝，但是我们勤快点来扫墓也是对老人的尊敬。老祖在那里了，别人看着我们经常扫墓，就说这是老丁家埋老祖的山头，是老丁家的，娃娃多了，种的田吃紧，我们（在埋老祖的山头）开点地种种苞米，人家也不会说你咋个。这种地嘛，也不是最好的地，好点的地比我们早来的（人家）肯定都开发出来了。包产（到户）后我们就埋一起了，那会儿地分好了，政策也不允许乱埋了。
>
> 汉族都是外来的，有进有出，有些在这里扎了根，有些绝了户。我家的老祖叫丁康士，祖母姓周。那个时候新平人多，待不下去就来

① 该族谱是 2002 年由玉溪市新平县丁氏族人在继承民国族谱的基础上，考察墓碑碑文，重新整理而成。

了黑树林。一开始的时候是跟着别人讨生活，祖爷爷自己先来给别人干活，有点积蓄就买了点田。后来就把我家老祖母也接了过来，生了两个孩子。我家来这里打了一口井，到今天都还在用，按照我们这里的规矩，谁家来都要打一口属于自己家的水井，才算真正成为这里的人了。我家老祖能吃苦，攒了一些（土地）给后人。我们来的时候土地已经开发了一部分了，还有些荒地没人开。我家老祖去世的时候说，把他埋在那些荒山上，这样后人就可以在这里开荒了。埋了老人的地方，别人不能随便乱动。[①]

三、老段家的竜宾情节

据段氏族谱[②]及后人记忆，老段家是来自大理的白族，明末始祖段龙迁居因远（现玉溪市、红河州、普洱市三地州、市交界），康熙年间五世祖迁居竜宾村，后因在与老李家的土地纠纷中落败，于乾隆二十五年（1760）被迫南迁到不远处的螺蛳寨，居住至今。段氏家族在迁居螺蛳寨后与哈尼族白宏人白氏家族结为姻亲，并成功融入本地哈尼族群体当中。

我们老祖叫段龙，最早是从大理迁过来的，先跑到了因远，做一点生意嘛，就买了地又起了房子，我听老人说，房子还是白族那样子的，跟别个家的不一样。也不知道咋个，又搬到了竜宾，竜宾都是汉族，我们跟汉族学了不少东西。祖先牌位也立了，墓碑也开始有了。我们老祖用的是“一桌四盘”[③]，这就是最好的墓碑了，老祖的碑最值钱的就是那些字了。

我们刚到竜宾的时候，向老李家买过一块地，当时双方签了契约的。后来老李家赖账，想把地收回来，我们家又拿不出契约，只好受气让出了土地，之后就生活困难了，只得迁到螺蛳寨重启家业。后来，在家族妇女的棉袄里找到了那个契约，原来是儿媳妇不识字，把

① 报告人：丁树清，报告时间：2018 年 11 月 9 日，报告地点：黑树林村丁树清家中。

② 该版族谱为手抄本，制作于 1958 年，现收藏于螺蛳寨段好福处。此前还有嘉庆二十年（1815）、咸丰十一年（1861）两个版本，现已不存。

③ 一桌四盘是指墓前有供桌，墓碑四周镶嵌四块石盘。

写着契约的红布拿去做棉袄了，发现的时候已经晚了。①

老段家在竜宾经营三代，很多祖先都葬在竜宾村，外迁螺蛳寨后，段家后人仍会在清明、中元等特定时节返回竜宾祭扫祖坟。葬坟意味着圈地，它象征着老段家在竜宾村的历史和权力。围绕葬坟，报告人段好福还讲述了他曾祖父段来崇出殡时的一个故事。

> 我家老人是光绪末年去世的，一开始的时候老人去世嘛，大家找了老贝玛②，算好了第五天出殡的。舅舅也来了③，亲戚也来了，老贝玛也做了灵魂仪式。埋在哪里，老贝玛算了风水还是建议跟祖奶奶埋在一起。祖奶奶埋在打洞梁子和竜宾交界的米干垭口右侧的山坡下。出殡那天，大家帮忙往米干垭口送了，但是到米干垭口的时候我家大爷爷就让队伍停下来了。他说："还是把老人埋到竜宾吧，那里是我们老段家本来的地方，我们埋到竜宾的荒山上，以后我们还能再去那里多开一些地出来。"因为这个是一开始没有商量的，大家都不知道怎么办。你是大儿子，你能做主，我们帮忙抬棺的人没那个权力去管段家的事。但我家二爷爷觉得已经安排好了跟祖奶奶埋在一起，那就不能变，因为这是尽孝。老大和老二商量不下来，抬棺的人一会儿往东，一会儿往西，最后只好把棺材停在米干垭口。④

摇摆不定的出殡队伍反映了段家复杂的心态，是遵照传统，尽了孝道，还是重返旧地，葬坟圈地，以谋求潜在的地权。最终，现实利益的考量战胜了传统孝道，外迁螺蛳寨五代之后，老段家再次将祖先葬回了竜宾村。

四、老关家的荒山命名权

老关家嘉庆年间迁入打洞梁子的时候已经颇有积累，跟本地人买了好田，

① 报告人：段好福，报告时间：2019 年 4 月 15 日，报告地点：红河县三村乡三村村螺蛳寨村。

② 哈尼族白宏人社会中的神职人员，是葬礼中将亡者灵魂送往祖先居地的唱诵人。

③ 在哈尼族白宏人葬礼中，死者舅舅或者娘舅家人的在场非常重要。

④ 报告人：段好福，报告时间：2019 年 4 月 15 日，报告地点：墨江县龙坝乡竜宾村米干垭口。

转手又租给佃户耕种，生活是比较宽裕的。黑树林村现存的关家老宅是典型的云南民居，建造工艺优良，与当地长期通用的土坯房相比，算是条件出众的。老关家后人关天培说，为了圈地，他家也将祖先分散埋葬在了不同地方。

（老祖）先是买的地，我们老祖那会条件还可以，跟罗相文家买过地，跟民族[①]买的也有。都是好田，买来自己也不种，又租给佃户种。但我们老祖也有远见，好多荒地那会儿还没有开发，又不用花钱买的，就找先生看风水，哪里风水好，哪里埋老祖。老祖就算保佑我们后代了，一方面是风水好，一方面是老祖埋的地我们后人也能开荒。我家不去开了，但我们去开别人也是认的，因为墓碑上的字就像是写的契约一样，别人看了知道你家老祖先埋的，也不会跟你抢了。民族刚开始不会这样，后来也有了。后来解放了，地都归国家了，包产后荒山成了集体的，私人也不能乱动了。我们清明还是要去上坟，有的山现在都是用我家老祖坟的名字代替了。[②]

对事物的命名权在某种程度上就意味着对它的占有。因为老关家率先埋葬了祖先，打洞梁子的一座原本没有名字的荒山因而得名“老关家坟头”，成为当地村民普遍认可的老关家产业。这段访谈资料说明，垒坟刻碑、占山圈地的行动策略是清代中晚期由外来移民带入打洞梁子的，随后被哈尼族白宏人接受并运用，体现了人类行为的主观能动性；同时提醒我们当地葬俗由火葬转变为土葬，除了常规地解释为文化影响之外，应该还与村民们在地权秩序中的竞争有关。

五、哈尼族白宏人对外来移民殡葬实践的接纳

笔者在两次田野调查中参与观察了多场哈尼族白宏人的葬礼。当地白宏人现在全部立碑垒坟、木棺土葬；葬礼中披麻戴孝，扎纸人、纸马，烧冥币、花圈；清明、中元等节日要给祖先扫墓。

---

① 民族指白宏人，这是本地汉族对哈尼族白宏人的简称。

② 报告人：关天培，报告时间：2019 年 4 月 6 日，报告地点：红河县三村乡三村村黑树林村。

我们白宏人以前不是这样埋祖先纪念亡人的，我们有自己的贝玛，请来是要把祖先的灵魂送到祖先居住的地方的。以前嘛，是火葬，老人的灵魂走了嘛，我们一般也不埋。你要是问我祖先是谁，我们都是有自己的家谱的，我们跟汉族不一样，是用“父子连名制”的。一般家谱不会给别人背，但家族里的人都是知道的。我们后来跟着汉族一样开始埋老祖，那个时候汉族到处埋自己的祖先嘛，就慢慢地在老祖坟地的附近开地了。人家都埋了老人了嘛，荒地也不是我们的，在老祖身边开点地也是合理的，我们后来觉得跟着汉族埋祖先，我们也可以合理开发土地也是好的。至于那些纸人纸马的规矩嘛，后来也是觉得老人去世了给他们带点钱，热热闹闹的也是好呢。①

以上访谈资料表明，外来移民圈坟圈地的地权实践深刻影响了本地哈尼族白宏人的殡葬行为。塔普村村民李开万将汉族葬坟圈地与哈尼族先占制度直接联系了起来。这是一个文化意义联结的过程，即将外来移民葬坟圈地与本地白宏人的先占制度并接的过程。

我们哈尼族嘛，以前到现在，去山里捡柴也好，打猎也好，只要是你打的柴你搬不动了，就放在山里用石头圈起来或者挂起来。别人就知道，这些柴或者猎物是已经有主人的了，是不能再动的了。汉族人把自己的老祖埋到荒山里，其实和我们的这个意思上有点像。我们是从大自然里取，第一个拿了（它）的，就是它的主人。汉族就是把祖先埋在一个没有人占的地方，也算是先占了那个地方吧。②

塔普村村民哈尼族白牙合还向笔者讲述了本地哈尼族与外来移民携手开荒的历史事实。

汉族也好，白族也好，清朝时候来打洞梁子在这里开了不少的田地。引进了水源，一方面开辟了大量的新水田，另一方面人家还开垦了不少旱地。这些地后来中华人民共和国成立后都重新分配了嘛，也

① 报告人：段批者，报告时间：2019 年 4 月 10 日，报告地点：红河县三村乡三村村螺蛳寨村。

② 报告人：李开万，报告时间：2019 年 4 月 11 日，报告地点：红河县三村乡三村村塔普村。

> 不管你是啥民族了，分到各个民族的手里。你说，要是历史上人家不开发这么多土地，我们种什么。清朝时候我们黑树林还是很荒凉的，黑树林的意思就是原始森林，哪有那么多可以种的地啊。打洞梁子的发展是汉族啊、白族啊还有哈尼族一起发展起来的。今天我们这里的民族很团结，因为这里是我们一起开发的。[①]

据前人调查，历史上哈尼族在开荒之前，会在可利用的荒地、荒坡上“砍坝”作为记号，或者在地块的四周插上竹竿、木桩等标识，向外界宣告该块土地的地权已被人先占取得，后来者应当予以尊重，不得再在此地耕种。[②] 广西金秀县六巷乡的瑶族也有类似的“打茅标”习惯法。[③] 但这种先占习惯的弊端显而易见，竹竿、木桩、茅标等都不稳固，容易受到自然或人为破坏、移动，从而引起权属纠纷，葬坟圈地则从根本上克服了这个问题。可以说，木棺土葬虽是外来汉族移民带入滇南黑树林地区的丧葬习俗，但葬坟圈地的行动策略是哈尼族固有先占制度的一种强化。

以上文献梳理及田野调查表明，外来移民持续不断地深度参与到滇南黑树林地区的开发进程中，体现了多民族文化互动、相互交融的历史。

第四节　从“采松火化”到木棺土葬：哈尼族“葬坟圈地”溯源

从文献记载的哈尼族丧葬民俗演变看，丧葬与社会秩序、社区成员权益分配关系密切，“葬坟圈地”是哈尼族居住地区土地先占制度的一种固化。哈尼族早期多行火葬，相关记载散见于明清方志等汉文史料中。《滇志》说“窝泥”（哈尼族旧称）“丧无棺，吊者击锣鼓摇铃，头插鸡尾跳舞，名曰洗鬼，忽泣忽

① 报告人：白牙合，报告时间：2019 年 4 月 15 日，报告地点：红河县三村乡三村村塔普村。

② 张晓辉、卢保和：《论哈尼族的习惯法及其文化价值》，见徐中起等主编：《少数民族习惯法研究》，187 页，昆明：云南大学出版社，1998。

③ 曹义荪、高其才：《当代中国物权习惯法——广西金秀六巷瑶族“打茅标”考察报告》，115—125 页，载《政法论坛》，2010（1）。

饮，三日，采松为架，焚而葬其骨。祭用牛羊，挥扇环歌，拊掌踏足，以铓鼓芦笙为乐”①。康熙《嶍峨县志》、康熙《元江府志》、乾隆《开化府志》、乾隆《滇海虞衡志》、道光《元江州志》、民国《元江志稿》等有类似记载。清代中期开始出现“刳木为棺”“葬用木槽”的新葬俗，相关记载见于雍正《景东府志》、雍正《云南通志》、道光《云南标下元江营》、民国《墨江县县志资料》等。到20世纪50年代民族大调查时，哈尼族已经全部行木棺土葬了；②调查还发现，哈尼族村寨基本上都有自己的公共墓地，通常在离村不远的向阳山梁。③而以哈尼族白宏人为主体居民的打洞梁子却存在着泾渭分明的家族坟山，这一现象值得深思。

受西北氐羌传统④及佛教阿吒力教派⑤等影响，云南火葬习俗由来已久，现存各类火葬墓地年代从西汉中晚期一直延续到清初，此后，火葬葬俗普遍被土葬所取代，这一过程是在清廷大规模改土归流的背景下发生的，但据笔者研究，这一转变在云南各地的路径和逻辑可能并不相同。

民族大调查中，云南民族调查组哈尼分组曾对墨江县龙坝区（现龙坝镇）娘埔寨进行过调查，调查报告在《哈尼族社会历史调查》中以独立章节的形式刊发。娘埔村在打洞梁子西北十多公里处，正是当年罗相文购买水源的地方。据调查，当时全村共39户、161人，全部是哈尼族白宏人（时称“布孔支系”）。种植作物主要是水稻、旱稻，其次为玉米、荞麦、小红米等。耕地分为水田和山地两种。水田的私人所有权早已确立，所有者可自由买卖、典当。山地属本寨公有，谁都可以开垦种植，一般种三年后即行丢荒，此后本寨中的任何人都有平等的权利对这块土地进行再耕垦，无须对前耕者付任何代价。即山地的私人占有权尚未稳定下来。⑥这里的民族构成、生计方式、地权秩序与

① （明）刘文征撰，古永继点校：《滇志》，999页，昆明，云南教育出版社，1991。

② 《民族问题五种丛书》云南省编辑委员会编：《哈尼族社会历史调查》，76页，北京，民族出版社，2009。

③ 红河哈尼族彝族自治州民族志编写办公室编：《云南省红河哈尼族彝族自治州民族志》，136页，昆明，云南大学出版社，1989。

④ 云南省文物考古研究所：《剑川鳌凤山古墓发掘报告》，载《考古学报》，1990（2）；李昆声：《从考古材料看云南氐羌文化》，载《思想战线》，1988（1）。

⑤ 云南省文物考古研究所、大理市博物馆：《大理大丰乐》，昆明，云南科技出版社，2002；张洪泽、廖玲：《南方丝绸之路上的梵僧——以南诏梵僧赞陀崛多为中心》，载《思想战线》，2015（3）。

⑥ 《民族问题五种丛书》云南省编辑委员会编：《哈尼族社会历史调查》，97页，北京，民族出版社，2009。

外来移民进入之前的打洞梁子应该是类似的。清代中晚期，外来散户移民将木棺土葬、立碑垒坟的葬俗带入打洞梁子，埋葬祖先成为外来移民占山圈地、谋取地权的重要手段，此前尚不明确的山地所有权得以划定。由于打洞大沟的修筑和完善，这些山地甚至荒地存在着新开成水田、成为纳税田亩、获得官方认可的土地私有权的潜力和可能，现今螺蛳寨的大片灌溉梯田就是这么来的。外来移民的资本、技术、策略使得原有的地权秩序面临挑战和重构，本地哈尼族白宏人被迫裹挟其中，面对地权利益的现实压力，他们很快就习得了木棺土葬、立碑垒坟、各把山头、占为己业的行动策略。这既是一种被动的文化变迁、更是一种主动的文化适应。

第五节　从“入住确权”到“葬坟圈地”——民间社会地权秩序的新思考

在传统农业社会中，人们生产生活的方方面面都离不开土地，后来的移民想要安家落户必须以某种方式整合到当地的地权秩序之中。单家独户的外来移民若想取得入住权进而争得地权不是一件容易的事情。清代中晚期滇南黑树林打洞梁子的“葬坟圈地”透露出了民间社会地权秩序的另一种模式。

科大卫指出，入住权之有无区分了本地人与外地人，入住权是指在一指定疆域内享用公共资源的权利，包括开发尚未属于任何人的土地的权利、在荒地上建屋的权利、在山脚拾柴火的权利、从河流或海边捕捞少量鱼类及软体动物以改善伙食的权利、进入市集的权利、死后埋葬在村落附近土地的权利。拥有入住权的依据是，这权利是祖先传下来的。他们的祖先可能据说由皇帝钦赐土地，或者移居至此而耕种这些土地，或者建造房屋而子孙居住至今，或者购买了这些土地，或者与本地人联姻。凭着这些既成的历史事实，他们的子孙因此拥有这些土地，而且只要不搬走，就拥有入住权。这些关于历史的观念，对于村落组织极为重要，村民们正是通过追溯祖先的历史来决定谁有入住权、谁是村落成员。①

80多年前，费孝通在昆明西郊禄村发现村中近五分之一的户数为没有土地的外来新户，江苏太湖边的江村也有这样没有田的人家，他认为这也许是一种普遍的现象，以家庭或个人为单位的移民，进入一个人口已稠密的地方，土地已被该地人民占有了的时候，他们没有力量来夺取土地，只能接受佃户或佣工的地位。一个外来的移民，住久了，买得了农田，他也逐渐摆脱新户的头衔。据他实地调查，广西象县的瑶山，后入族团不能获得土地权，是牢不可破的习惯法，出于很小的单位，他们不能和已有组织的山主族团争瑶山的地权。②

费孝通指出，祖坟属于"扩大的亲属群体的财产"，但"祖坟不列入真正的财产，因为它对子孙后代没有任何用处，相反，后代有修缮祖坟的义务。同一祖宗的各家均有这种义务。"③清代中晚期，在散户移民进入打洞梁子的历史进程中，祖坟却充当了占山圈地的显著标识，埋葬祖先成为了获取地权的重要手段。打洞梁子的这一案例丰富了我们对于外来移民获取地权方式的认知，加深了我们对于立碑垒坟背后的行动策略的理解。可以说，木棺土葬虽是外来移民带入滇南黑树林地区的丧葬习俗，但葬坟圈地的行动策略却是哈尼族固有先占制度的一种强化。

① ［英］科大卫著：《皇帝和祖宗——华南的国家与宗族》，卜永坚译，5页，南京，江苏人民出版社，2009。

② 费孝通、张之毅：《云南三村》，天津，天津人民出版社，1990。

③ 费孝通：《江村经济——中国农民的生活》，65页，北京，商务印书馆，2001。

部分中的整体：打洞梁子的观念、仪式及其组织

第一节　问题的提出

部分与整体的讨论不仅是一个哲学命题，在社会学、人类学的研究中同样是一个重要的话题。自社会学家孔德确立社会学的学科概念以来，作为实证科学的社会学受生物学影响，在本体论和认识论的层面上将社会体理解为是一种基于整体性前提的部分与整体辩证关系。社会学研究的对象则是集体有机体或者社会有机体。孔德（Auguste Comte）认为在社会有机体中，犹如生物有机体，部分是要为整体服务而存在的。在孔德的基础上斯宾塞（Herbert Spencer）提出社会有机体论，有关部分与整体的讨论，他认为在生物有机体中部分是为其整体而存在的，而在社会有机体中，部分与整体的关系则是社会整体为其部分成员而服务的。[①] 斯宾塞反对孔德部分服务于整体的观点，他认为社会是增进个人目标的工具和手段。这一辩论延续到社会学家涂尔干（Emile Durkheim）关于社会分工的思考，他在《社会分工论》第一卷“劳动分工的功能”中，提出社会团结的两种方式：“机械团结，或相似性所致的团结”与“分工形成的团结，或有机团结”。涂尔干认为机械团结是建立在集体意识或共同意识之上的团结形式，当一个社会属于机械团结的社会类型时，个体之间的差异不大，他们有着同样的感情、相同的道德标准、认可同样的神圣事物。这种社会中个人之间没有产生分化，因此社会是“协调一致”的。与之相反的则是集体的“协调一致”得自于分化，即有机团结。在这种团结形式里，个人之间不再是

① Sydney Eisen，Herbert：*Spencer and the Spectre of Comte*. Journal of British Studies，1967（1）：48—67.

彼此相似而是彼此有别的，正是这种彼此有别使得社会的“协调一致”得以实现。在论述两种社会团结时涂尔干说道：

> 在第一种团结里，个人不带任何中介地直接系属于社会；在第二种团结里，个人之所以依赖于社会，是因为它依赖于构成社会的各个部分。在两种情况下，我们考察社会的角度是不同的。第一种情况指的是，社会在某种程度上是由所有群体成员的共同感情和共同信仰组成的：即集体类型。第二种情况指的是，当我们与社会发生连带关系时，社会是由一些特别而又不同的职能通过相互间的确定关系结合而成的系统。当然，这两个社会实际上只是一个社会，或者说是同一实体的两个方面，但这不等于说我们不用对这两个方面进行区别。①

在面对个人与集体（抑或一个社会的部分与整体）时，涂尔干认为存在着两种社会整体：基于相似性个体之上的社会整体（机械团结的社会），和基于差异之上而形成的社会整体（有机团结的社会）。机械团结的社会，个体是无差别地从属于整体；有机团结的社会，个体是通过差异性的关系体系来从属于整体，所以独立的个体（部分）是不能呈现出整体的。因此，在涂尔干的论述里，即使区分了作为部分的相似性或差异性，部分与整体之间的关系依旧是从属关系。这一体系继承自孔德关于社会秩序的思考，而在西方上千年的思考中，最早论述这一问题的亚里士多德（Aristotle）也认为，整体是大于部分之和的。

然而，人类学家杜蒙（Louis Dumont）提出了与上述学者不同的观点。他基于印度社会的研究讨论“涵盖”的概念，来描述等级制社会中整体和部分之间的关系。所谓“涵盖”是指一个整体的各个要素（element）依照其与整体的关系来排列等级所使用的原则。② 所以，杜蒙认为“涵盖”是阶序关系的实质。他在《阶序人》一书里谈到：

> 准确地说，阶序是涵盖与被涵盖之间的关系，因为它涵盖了其自身与其对立面的对立关系。比如：夏娃从亚当肋骨创制，从物质上象

① ［法］涂尔干著：《社会分工论》，渠东译，89页，北京，生活·读书·新知三联书店，2009。

② ［法］杜蒙著：《阶序人：卡斯特体系及其衍生现象》，王志明译，103页，台北，远流出版事业股份有限公司，2007。

征了高级与低级之间的关系，亚当是合二为一的整体，他既代表人类又代表人类中的男性。在第一个层面上，男人和女人相同，在第二个层面上，男人和女人相对。所以英语中，man即指人类又指男人。①

杜蒙在部分与整体关系的讨论中引入了等级的要素，从而将问题进一步引到一个社会系统中是否存在"部分"既作为"部分"又兼具"整体"的特性？他发现，在印度社会中存在着具有双重属性的"部分"——即某些"部分"既是社会体系的总体性代表，又是其自身"部分"属性的代表。

本研究讨论的话题与上述学术脉络相关，但田野材料又为该话题提供了不同理论观察的民族志材料。我作为云南民族大学"黑树林研究小组"的一员，以2014年2月至2016年9月于云南红河州黑树林地区哈尼族、汉族杂居村落群——打洞梁子进行的田野调查为例，讨论这个议题。这项研究涉及打洞梁子圣地（竜林）的祭祀、社会制度（四大份）的界定、水资源的分配以及灌溉中公私关系的转化。在打洞梁子，人们对于整体与部分的认知存在着这样一种逻辑属性——"整体内在于部分，部分中存在整体"。这是与上述学者认为的"整体高于部分而存在，或涵盖于部分而存在"不同的认知图式。

第二节　打洞梁子的人文地理与缺水认知的形成

按照一种地理与文化上的整体性，当地人的观念中打洞梁子包括8个自然村，分别是：墨江黑树林、红河黑树林、塔普、达东、下达东、田房、螺蛳寨、龙洞。其中，墨江黑树林在行政区划上属于墨江县龙坝乡竜宾村，按照地理形态，螺蛳寨则不在打洞梁子这个山脊上，是其旁边另一个并列的如鸡爪一样分叉出去的山脊。从行政区划看，打洞梁子看似是一个复杂的地理概念，但在当地人看来，八个村寨之间的关系并没有行政区划那么复杂。其中，达东、塔普、龙洞、螺蛳寨、田房五个村是以哈尼族人口为主的村寨，红河黑树林、墨江黑树林和下达东三个村则是汉族居住的村寨。自晚清以来，在打洞梁子坡顶的草皮坝上逐渐出现了市

① ［法］杜蒙著：《阶序人：卡斯特体系及其衍生现象》，王志明译，130页，台北，远流出版事业股份有限公司，2007。

场（当地人称之为赶街子），赶集的周期为五天一次。市场的繁荣也使得打洞梁子居民的互动日趋频繁。在打洞梁子，人们区分的单元具有复合性，行政规划、信仰体系、用水制度、市场体系等都构成打洞梁子整体性的要素。

缺水是打洞梁子观念中普遍的认知状态。人们普遍认为水是限制打洞梁子发展的主要因素。历史上打洞梁子并没有水利灌溉系统，直到乾隆辛未年（1751）湖南商人罗相文从打洞梁子伙头手中买地开沟渠。他花费一年多时间开通打洞大沟，大沟的开通加速了水田的开发和人口的增加。然而，随着水源的引入，水资源产权的争议也随之产生。墨江境内竜宾大沟的开通垄断了上游水资源的使用，导致下游打洞大沟用水的严重不足。由于两条大沟分属不同行政区域，使得两地在数次水资源的分配中产生争议。从晚清到现代，打洞梁子和竜宾两地的水资源产权争议延续了近百年。20 世纪 80 年代，云南省民族工作队进驻黑树林地区前，争议达到顶峰。最后，民族工作队在水源地上游修筑娘埔水库，保障了两条大沟的灌溉需求，水资源的争夺才趋于缓和。但近百年的水资源产权争夺已经使得缺水的认知深入打洞梁子人们的文化观念里。因此，水资源的匮乏在打洞梁子不仅仅是个资源分配的问题，在深层次上更是一个文化象征、意义的问题。它包含了地域权力关系的确定、地域边界的认同、社会组织的生成以及社会整合的方式。[①]

第三节　观念中的部分与整体：竜林祭祀中的分与合

一、打洞梁子的信仰系统

打洞梁子是哈尼族白宏支系与汉族的杂居地。在居住形态上，螺蛳寨、达东、田房和龙洞是哈尼族白宏人居住的村寨，墨江黑树林、红河黑树林、下达东是汉族居住的村寨，塔普村则是以哈尼族人口居住为主，并掺杂少数汉族居民的村寨。表 4-1 是打洞梁子村寨的信仰系统介绍。

① 参见嘉日姆几：《民族问题社会建构的随机过程与马尔科夫性策略——云南黑树林地区水利纷争民族问题化的人类学解读》，载《西南民族大学学报》，2015（8）。

表 4–1　打洞梁子村寨信仰系统一览表

村寨	民族	信仰空间	祭祀日期
墨江黑树林	汉族	观音庙	农历二月二、八月八
红河黑树林	汉族	观音庙	农历二月二、八月八
螺蛳寨	哈尼族	竜林	农历冬月羊日
塔普	哈尼族、汉族	竜林	农历冬月猪日
达东（老苏寨）	哈尼族	竜林	农历冬月猪日
下达东	汉族	山神庙	农历二月二、八月八
田房	哈尼族	竜林	农历冬月猪日
龙洞	哈尼族	竜林	农历冬月猪日

从表 4–1 可看出哈尼族的主要信仰空间是竜林。竜林是哈尼族的寨神林，是哈尼村寨立寨的必要条件。祭竜（哈尼语称“普玛突”），是哈尼族所有节日中寓意最深的一个重要节日。当地人认为竜林可以庇佑村民安宁、五谷丰登、六畜兴旺。每年的农事生产之前必须要进行竜林的祭祀。

当地汉族的主要信仰系统是观音和山神崇拜，在当地人的观念中，它们在一定意义上与竜林具有相似的属性，二者在文化上有一个结构并接关系。当我询问有关汉族的庙宇情况时，哈尼族通常会认为那也是汉族的竜林。而汉族也时常会说竜林也是哈尼族的庙，尽管这种语言上的称呼并非完全就是观念的对等，但下达东村的山神庙和达东村的竜林几乎就在同一片树林里，亦可以说林中有庙或庙边有林。一般来说信仰系统后面是有一定的族群属性，但是在打洞梁子的调查中族群问题相对比较弱，人们的观念里每个村寨的信仰系统只属于本村寨全体成员共享。这一信仰原则在汉族村寨中也同样适用，哈尼族村寨的寨民只祭祀属于本村的竜林，汉族村寨的村民也只祭祀本村的神灵，其他村子的汉族则不会到该村寨祭拜。而在一个哈尼族与汉族杂居的村寨中，汉族也参与该村寨竜林的祭祀活动，和哈尼族共享竜林的祭祀物品。除了以村寨为单位的信仰空间外，打洞大沟因水利灌溉系统还形成了称之为“四大份”的祭祀活动。“四大份”的祭祀涵盖了整个打洞梁子的八个村寨。

打洞梁子的神圣空间（庙房或竜林）大部分是处在村寨的上方，代表着一种空间上的神圣地位。村寨则在竜林或庙房的下部，再往下就是梯田。打洞梁子上的每个村寨几乎都有完整的信仰系统，信仰系统作为村寨内部的整合秩序将每个村寨凝聚成一个社会整体，而“四大份”祭祀将整条梁子上的八个村寨像穿珠子一样串了起来。如果竜林的祭祀仪式是呈现村寨的内部整合性的话，那么以“四大份”为基础的大沟祭祀仪式就是串起这八颗珠子的“绳子”。打洞梁子的村寨信仰表达了村寨的内部向心力，而“四大份”祭祀则是打洞梁子社会整体性的象征表达。有了这根“绳子”，打洞梁子才能成为一串项链。

二、竜林与竜林的分化原则

在哈尼族人的观念中竜林代表了村寨的神圣性与独立性。哈尼族人认为，一个被认可的独立村寨必须有属于自身的竜林。大多数情况下，村寨是随着人口的膨胀和新土地的开垦从旧有的村寨中分化出来。以田房村为例：田房村人最初属于塔普村，随着塔普村人口承载力的下降，一部分塔普村人便在田房村现址开垦土地并定居。在田房汇聚成村寨的初期，田房村人仍被称为塔普村人，尽管居住空间已离开塔普村，但每到村寨的竜林祭祀时，田房村人仍要按照每家户凑钱给塔普村的普玛阿布①购买祭祀的物品，同时，普玛阿布也会将祭祀物品分配给居住在田房村的家户。而当田房村人决定自己建立村寨时，便从塔普村竜林的竜树上偷取一根树枝②，并将其放进自己选好的树林里。此刻，如同火苗一般代表整体力量的树枝与树林中的某一棵树木结合在一起后，就成为新的竜树，而此片树林也就成为了竜林。自田房村有了自己的竜林后，次年就不再参加塔普村的竜林祭祀活动。这时塔普也知道田房不再是塔普的一部分，而是一个独立的村寨。从此之后，田房成为独立的村寨，也需要得到打洞梁子人们的认可。塔普与田房之间并不存在上下从属或者是涵盖的关系，在打洞梁子人们的观念里，两个村寨从此互不关联。然而在社会层面，两个村寨之间因为亲属关系或者是姻亲关系仍保持着一种关联。此外，打洞梁子的“四大份”祭祀活动也使得田房和塔普之间保持着一种很强的纽带关系。用图4-1来表示打洞梁子竜林的形成过程，则可以看到以下分化情况。

---

① 普玛阿布是由村寨集体讨论，通过占卜选举出来祭祀竜林的主祭人，也称为竜头。普玛阿布代表村寨整体对村落进行祭祀，但在祭祀过程中，普玛阿布既代表了村寨整体也在家庭祭祀环节中代表了家户，因而具有整体与部分之间的涵盖属性。

② 这不禁让人想起弗雷泽的《金枝》中逃奴对于内米湖畔“森林之王”权力的挑战。只有折下神树上的一根树枝，逃亡的奴隶就可以获得挑战祭司的权力从而取代他。从某种意义上，《金枝》中的树枝作为部分也是整体性权力的象征。

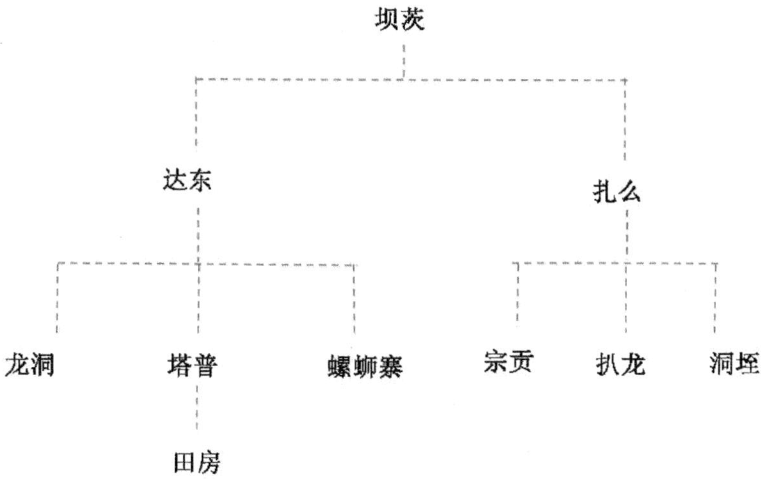

图 4–1　打洞大沟竜林的分化与形成图

从图 4–1 可看到，打洞梁子的竜林最初来自于洛西河流域的坝茨村，而随着竜林的分化，在打洞梁子地区里最早建立竜林的是达东，随后龙洞、塔普、螺蛳寨又从达东分化出来，接着田房又从塔普分化出来。竜林的分化可以让我们看到村寨形成的历史过程。从图 4–1 也可以看出，尽管坝茨是打洞梁子竜林的源头，但如今与打洞梁子地区之间的联系却是很微弱的。从更广泛的角度看，正是因为四大份基础之上的大沟祭祀仪式和大沟水利灌溉中的公私转换原则，打洞大沟上祭祀竜林的各个村寨遂没有持续分裂，而是逐步转化为打洞大沟整体中的部分。

三、竜林祭祀中的部分与整体转化原则

每个村寨都有属于自己竜林祭祀（以下简称“祭竜”）的日期，所以每个村寨的祭竜时间并不一样。打洞梁子祭竜的日子一般是在农历十二月的猪日或者羊日，这需要找摩披[①]和普玛阿布来共同占卜确定。祭祀竜林需要村寨保持绝对意义上的“洁净”，因此，村寨里不能出现死人等情况。如果祭祀竜林期间村寨里有人死亡，就需要将祭竜仪式推迟到下一个月。若是

① 摩披是哈尼族白宏人社会生活中各种仪式的推算者和各种巫术活动的主持者。成为摩披需要进行系统本土知识的学习，摩披是哈尼族白宏人社会的本土知识分子。

下一个月祭祀竜林的期间又继续发生死人情况，则要取消该年份的祭竜仪式，以此来保护竜林的神力与洁净。笔者调查期间正好遇到螺蛳寨连续两个月出现死人的情况，所以那年螺蛳寨最终放弃祭竜。而另外一个例子也更加印证了祭竜在哈尼族白宏人观念中的重要性：按照当地风俗，螺蛳寨老人去世，死者出殡前需要邀请死者的娘舅家人前来参加出殡仪式，倘若此时该娘舅所在的村寨正好要祭竜，那么当他出席死者的葬礼后则需要被隔离，禁止其回家，直到完成祭竜。如果娘舅选择参加本村的祭竜，但又考量到娘舅需出席葬礼的文化传统，那么螺蛳寨逝者家就要被迫中断葬礼，直至娘舅参加完祭竜并出席葬礼后才进行出殡。格尔茨（Clifford Geertz）在论述爪哇中断的葬礼时，认为社会变迁导致文化延续的断裂。[①] 而本研究所展示的个案，则说明了竜林在当地哈尼族人观念中的重要性。这种重要性在祭竜仪式中的部分与整体的转换中得到了更深刻的体现。祭竜在村寨共同体的内部被成功举行需要遵从部分中存在整体，而整体中有部分的逻辑原则。

笔者在打洞梁子调查了塔普村寨的祭竜，在当地人看来经过如下仪式过程方可被视为成功祭祀。

塔普村的祭竜仪式是在农历腊月的猪日。首先，祭祀当天，村寨的每户人家需集体出资购买一只鸡交给普玛阿布作为村寨（整体）祭竜的祭品。当普玛阿布进入竜林找到竜树后[②]，他会将代表集体份额的鸡献祭给竜树。祭祀过程分为生祭与熟祭两个环节。当普玛阿布进行完熟祭后，要将献祭给竜树的鸡平均分割成若干分，并将其进行混融（鸡的头、身、爪混合在一起）后，再把鸡肉块带回村寨里。仪式的第二个环节是，在普玛阿布祭祀竜林的同时村里的每户人家要在自家进行以家户为单位的祭竜仪式，此时，每家要准备一只鸡进行献祭，户主要朝着竜林的方向进行祭祀。祭祀环节同样有生祭和熟祭两个步骤。当地人认为，完整的家户祭祀（部分）必须要与普玛阿布的竜林祭祀（整体）结合起来，才能得到神灵的认可，否则祭祀便不会成功。这一重要的仪式环节即祭竜的第三个步骤，普玛阿布将祭竜后分成若干份的鸡肉带回村寨，平

① 格尔茨在《文化的解释》“仪式与社会变迁——一个爪哇的例子”这篇文章中指出一个社会的社会面和文化面只有相互配合才能保证社会秩序的运行，而变迁中的社会往往会导致社会变迁与文化系统延续之间的断裂，这对于检讨人类学文化与社会之辨析提供了值得深入思考的个案。

② 竜树只有本村少数有权威的人知道，其目的在于避免竜树受到外人的伤害和偷窃。

均分配给村寨内的每个家户。每家所分配到的一小块鸡肉代表普玛阿布为村里所进行的竜林献祭，所以每户人家必须把这块鸡肉放入家中所蒸煮的鸡肉锅里，再进行祭祀。如此，家户的祭祀才算顺利完成。综合看来，整个竜林的祭祀成功需包括如下环节：其一，作为部分的家户凑钱买到一只既代表整体又代表部分的鸡。其二，鸡在竜林中完成祭祀后要分成若干等份，此时每一小块鸡肉代表了整体融入到代表家户的那只鸡里，使得部分中也存在着整体。这个过程可以用图 4–2 来表示。

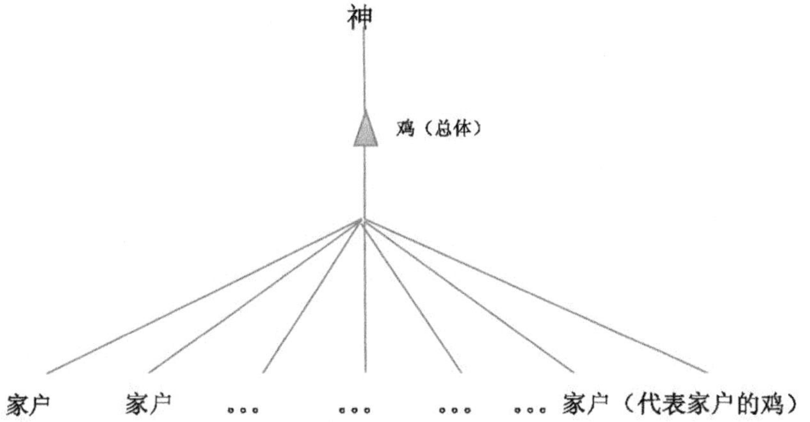

图 4–2　竜林祭祀的文化逻辑

这一文化逻辑与罗姆巴赫（H .Rombach）探讨结构思想中的部分与整体关系转换相似。罗姆巴赫在《作为生活结构的世界》中提出了欧洲精神史中结构的思想，结构的思想是基于对体系思想的批判。罗姆巴赫认为：结构思想是从赋灵行为（Begeistung）的基本经验中被发展出来的。他认为基督教在耶稣十字架受难后存在着如何理解其神身份的问题，正是这一问题带来了关于整体与部分之关系新的思考动力。罗姆巴赫谈到：

> 现在人们为此找到了一个答案：在令人震惊的基本经验中这个团体如此体认：基督在一个令人喜悦的灵的构成内的每一个个体中复活并且继续活着。这就是复活节的缘构发生。在这个灵（Geist）中一

切都是关联的，简直就是“一体”，但在其中的每一个又都有他最高和最本己的同一性或身份。每个人都是他自身，而所有人聚集在一起就是“继续活着的基督”。集体和个体之间的差异被提出，却不是通过个体的一般化——就如希腊科学将它包含进一个生活的整体之中。在这里结构的基本境象被掌握。就是说，整体不是“高于”个体而存在，而是“内在于”个体之中而生活，个体根本上只在完全的实在性中才成为个体，因此它也不能与其他个体分离，而是与其他个体“合一”。“不再是我活着，而是基督在我之中活着”。库萨的尼古拉赋予这个观点以存在论的和哲学的表达形式。每一个个体最内在的本质是“非它”，它同时是当时各自的，又是“无它的”，正如它既是对那个整体的精确表达，而这个整体也同时作为同一个“非它”居于一切个体之中。①

在谈及耶稣的灵的问题时，罗姆巴赫认为耶稣的灵作为整体是存在于每个个体中的，而每个个体聚集在一起又形成了整体性的“继续活着的基督”。基于此，罗姆巴赫总结出关于整体与部分之间的关系论述：整体不是“高于”个体而存在，而是“内在于”个体之中而生活，个体根本上只在完全的实在性中才成为个体，因此它也不能与其他个体分离，而是与其他个体“合一”。②

与罗姆巴赫探讨的问题相似，从图 4-2 中可以发现若是将祭竜的过程从上往下看，实际是将作为整体的鸡向下分配到每个家户的过程，而每一块分配到家户的鸡肉（既是部分又是整体）是以整体的表象融入到家户，与家户中作为部分的整只鸡混融在一起，是一种整体内在于部分之中的过程。而若从图 4-2 的下方往上看，则呈现从部分汇聚到整体的过程。这种逻辑观念在哈尼族白宏人最重要的祭竜中占据主导地位，也影响了其日常生活中的社会组织原则与超村寨群体仪式，打洞大沟的祭祀仪式则更加凸显了打洞梁了人们对于部分与整体关系的认知。此外，有关普玛阿布的角色，也存在着“部分中存在整体，整体包含部分”的社会事实。普玛阿布既是村寨的代表，也包含了作为个体家户

① ［德］罗姆巴赫著：《作为生活结构的世界——结构存在论的问题与解答》，王俊译，9 页，上海，上海书店出版社，2009。

② 观点参见［德］罗姆巴赫著：《作为生活结构的世界——结构存在论的问题与解答》，王俊译，上海，上海书店出版社，2009。

成员的“部分”。有关这点，莫斯认为，巫术系统中巫师的仪式行为构成了巫术的整体性。即部分构成了整体。①

第四节　仪式中的部分与整体：打洞大沟祭祀中的上与下

一、“四大份”制度的由来与分配

“四大份”是指在打洞大沟水利灌溉系统基础上形成的社会组织和制度。在“四大份”分水制度之前，打洞大沟的分水制度是按照“刻木分水”的方式进行的。即根据打洞大沟水田的大小和围绕水利灌溉系统的走向，采用刻木的方式将大沟中同一宽度的水划分为若干份。再根据水田的多少于木刻上标注分水的尺寸，田地多同时对大沟的维护和疏通有贡献的村寨能获得分水的尺寸就相应地要多一些，反之则少。打洞梁子塔普村的中央矗立着一块修建于1997年的纪念碑，这块碑是为了纪念打洞大沟沟渠的修建，其中一面有着关于民国时期刻木分水的记录。随着中华人民共和国的成立，水田的产权也发生变化，集体化时代刻木分水的制度也随之取消。到了1984年，随着家庭联产承包责任制的确立，土地从集体化又转变成个人承包种植。在这一段时期内刺激了人们种植水稻的积极性，继而对于水的需求出现了急速的增长，这一阶段也是打洞梁子与竜宾村争夺水资源最为激烈的时段。为了解决打洞梁子水资源的分配，打洞梁子的人们创立了“四大份”用水的分配制度，以及由此而产生的“四大份”组织和打洞大沟的祭祀。“四大份”制度是以村寨为单位将打洞大沟的水资源按照时间进行分配，根据实际空间分布和用水情况将打洞大沟的水资源划分成四大份额，每一份额在规定的时段内进行灌溉。“四大份”分水的方案与刻木分水的方案相比，其最大的变化是将过去水利资源从空间上的分配方式转化为以时间为主轴的分配方式。基于“四大份”的

① [法] 马塞尔·莫斯、昂利·于贝尔著：《巫术的一般理论、献祭的性质与功能》，杨渝东、梁永佳、赵丙祥译，104页，桂林，广西师范大学出版社，2007。

分配原则还衍生出了对打洞大沟的权力与义务。每一大份的使用者都需要推举出一个日常管理和维修打洞大沟的把沟人。因此，把沟人总共有四位。这四个人的劳动报酬是由各大份村寨的家户来支付。所以，把沟人既是各大份家户的代表，同时也是“四大份”中每一份额整体的代表，而四位把沟人则代表了四大份整体即打洞大沟。

基于“四大份”的分水制度和社会组织，打洞梁子又创立了年度性的大沟祭祀仪式。关于大沟的祭祀，传统上哈尼族在沟渠开通的时候一般都是用一只鸭子和两只小鸡来祭祀，此后鲜有年度性祭祀大沟的仪式。笔者在 2015 年 10 月跟随黑树林课题调研组前往红河县迤萨镇、甲寅乡、宝华乡、石头寨乡、阿扎河乡、乐育乡、大羊街乡、车古乡、架车乡，在这些乡镇中笔者走访了多条大沟，从访谈中得知，只有在大沟挖通时才会有沟渠的祭祀仪式。而像打洞梁子这般规模宏大的年度性大沟祭祀活动则几乎为零。这说明打洞大沟的祭祀是打洞梁子按照自身的社会情景所创造出的祭祀活动。前面已经讨论过，打洞大沟在历史上长期与竜宾大沟对抗，因此打洞大沟规模宏大的沟渠祭祀是为了对抗竜宾大沟的水权争议，以力证打洞大沟水资源的权力，更在象征意义上与竜宾大沟进行对抗。

四大份的祭祀原则和仪式借用了竜林祭祀中整体与部分之关系逻辑。且从大沟的祭祀仪式上来看，打洞大沟的祭祀仪式同样遵循“部分中的整体”抑或“整体内在于部分”的原则。

二、“四大份”祭祀的结构及其上下关系

笔者在黑树林调查期间参加了打洞大沟的祭祀活动。整个祭祀环节包括：一是祭祀前的准备；二是祭祀环节：包括牵鸭仪式、祭祀集团对大沟的献祭；三是祭祀食物的分配；四是确定来年祭祀活动的揽头人。

大沟祭祀由四大份中的其中两份轮流负责承办。两个大份各选出一位揽头人一起联络采购所需物品。祭沟所用物品包括：一只鸭子、一只公鸡、一对小鸡、一头猪、370 斤柴、盐、味精、金白菜、酸菜以及祭祀用的酒、米、鸡蛋和 10 元钱。[①] 除此之外，杀猪用的刀、煮菜和煮肉用的三口大铁锅、一口小洋

① 嘉日姆几：《“四大份”：从意义、行为到符号——云南黑树林打洞大沟管理制度研究》，58 页，载《西南民族大学学报》，2016（7）。

锅是从塔普借来的。

在祭祀环节，负责祭祀的主要成员有：主祭大沟的主祭人、两名揽头人、四个把沟人、若干乡帮（以中老年男性为主）。祭祀环节中，首先由年长的把沟人举行牵鸭仪式。牵鸭仪式是打洞大沟祭祀中重要的一个环节，象征着沟渠的通畅，从沟头牵到沟尾的过程象征着沟渠里的水能够畅通无阻地流到村寨里。

牵鸭仪式结束后，祭司集团要在众人的帮助下进行第一次献祭活动。即将准备的生猪、一只公鸡、一只小鸡连同牵鸭仪式中的鸭子，一同宰杀献祭给象征大沟的纪念碑①。大沟的祭祀过程中很少有如同祭竜中的祝词。在笔者看来，这样的祭祀甚至摆脱了宗教性的表征，而直接强调社会秩序原则的神圣性。祭祀同样分为生祭和熟祭两个环节，生祭之后祭司集团将献祭的供品进行蒸煮，进入熟祭环节。祭祀仪式结束后以四大份为单位进行祭品分配。主祭人和把沟人作为大沟祭祀整体的代表，可优先分食祭祀品。等到祭司集团分食祭祀食物之后，便进入四大份献祭食物的向下分配环节。祭司集团的主祭人将熟肉切成近乎相同大小的若干块，再将猪肉的各个部分进行混融②。随后，主祭继续将鸭肉和鸡肉分成若干小块放入四个盛满猪肉的大锅里进行第二次混融，直到四个大锅里所有的肉都混融均衡为止。此时，主祭人要将四口大锅交付给四大份的代表。四大份的代表在此一环节扮演着既是每一大份向下的整体和向上的部分来进行次一层级的分配。每个大份中的家户会派代表来参与分食仪式，参与分食的家户代表不能将食物带回家，只能在每个村寨公共空间中集体分食。每个家户分得的食物既是自身摊派出钱所获得的食物（部分），同时又是混融后成为整体的食物。所以，个体将食物吃进肚子里的过程即是整体融入个体的过程。因此，打洞大沟祭祀中的食物分配也包含了一种整体内在于部分，而部分中存在整体的逻辑。“四大份”自上而下和自下而上的逻辑转化过程可以用图4–3来表达。

① 一说是献祭给纪念碑连同旁边的枫树。

② 这与竜林祭祀中普玛阿布将代表集体力量的鸡进行分割混融的方式相同。

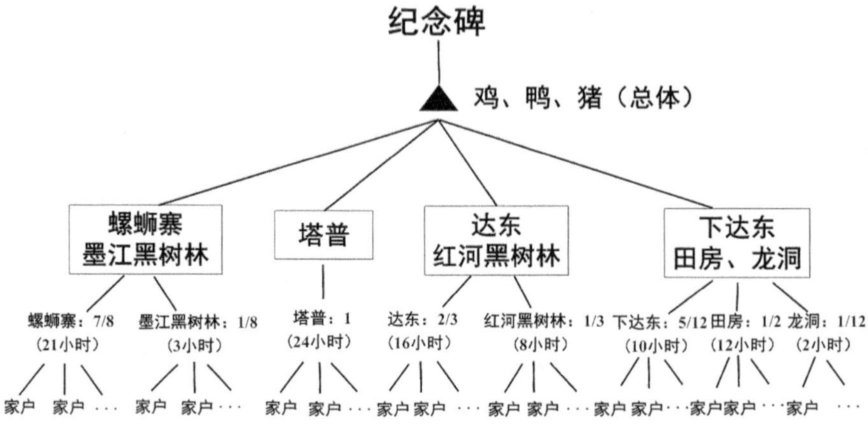

图 4–3　打洞大沟祭祀仪式的部分与整体关系示意图

从图 4–3 可以看到，在献祭过程中鸡、鸭、猪代表了一种自下而上、由部分转换成整体的总体性原则。这种总体通过家户——村寨——“四大份”中的某一份——总体的向度，最终形成整体而献祭给纪念碑。而分食的过程则是一种自上而下由整体到部分的分配过程，每个分配环节本身就呈现了整体内在于部分，部分包含整体的原则。格尔茨讨论灌溉会社的分水情况时谈到：“灌溉对社会成员来说，不是要把整体看作是具有相当数量的组成部分，然后再将其分配，往下直到 Tenah[①]，Tenah 是最实际感知的，然后向上。”[②] 同样，在表述观察基于灌溉系统之上的社会组织转换原则时，不能简单地将整体当做部分的相加。这种大沟祭祀仪式中的组织分配原则与祭竜观念中的整体部分转换原则是相同的。而在实际生活的应用中，打洞大沟水资源的灌溉过程也呈现了整体与部分之间的转换原则。

① Tenah 指的是在一既定灌溉会社内部（水、土地、种子、稻米）的基本计算单位。

② ［美］格尔茨著：《尼加拉：十九世纪巴厘剧场国家》，赵丙祥译，84 页，上海，上海人民出版社，1999。

第五节　实践中的部分与整体：水田的分类与公私转化

一、对于田的分类、认知

在打洞梁子人的观念中，田的分类是非常细致的。归纳而言，打洞梁子的人们对田的分类包括三类：一类是以地景命名的，例如从治从哈，意思就是有大青树的田。第二类是以社会关系命名，例如祖哈田，意思就是官员的田。第三类是以意义系统命名的田，例如老杨大田和老罗大田。①

打洞梁子的人们对于田和水稻种植赋予感情和拟人化的比喻，所以白宏人在农业生产中也有很多拟人化的比喻。比如说将爬田看作是铺床的比喻，也就是给秧苗铺床的过程。育秧代表的是抚养，即舅家对秧苗的抚养。拔秧在哈尼族歌曲里代表了秧苗的出嫁。插秧的过程则是迎娶和嫁入秧田的过程。所以对于田的认知，完全是按照人类社会组织的很多形式来进行比喻的。另外，打洞梁子的人们对土地的利用方式较为单一，他们对土地的经营主要以稻田种植为主，对水田的依赖是非常高的，因此对于水资源的需求量也很大。与之相对的是打洞梁子对面的墨江竜宾村，这个地方对农业的经营方式比较多元、种植多种经济作物，这在一定程度上降低了农业生产的风险，同时也降低了对水资源的需求。总之，笔者在打洞梁子调查中观察到：打洞梁子的人们对水田的依赖性较高，且对田地有非常深的感情。

二、水田灌溉中的公私转换

在打洞大沟“四大份”分水制度中，我们讨论了祭祀仪式中整体与部分转换的生成逻辑。而实际的水利资源分配则在应用的层面上将这样一种转换原则

① 当地广泛流传着关于老杨家和老罗家斗气开田的故事。老杨家和老罗家为了证明自家在这个区域的主导性，进行了一场开田大赛，今天的田很多都是那时候开的。

付诸实践。水利灌溉在实际应用中按照“四大份”组成村寨的实际水田面积和空间关系，将打洞大沟的水资源按照时间来进行轮流灌溉。从上游的水流入打洞大沟那一刻起，水资源作为打洞大沟的整体资源便会进入打洞大沟的每一块田地里。由于水的流动是从高往低处的，因此，四大份的水也是从打洞梁子高处的水田向低处的水田灌溉，最终流入坝兰河继而汇入泗南江。当水资源流入打洞大沟的时候就具备了公共或者整体的属性。水通过大沟层级进入梯田当中，灌溉用水首先经由打洞大沟流入梯度较高的水田中。每一个分属家户的水田都有两个水口，其一是进水口，其二是排水口。当带有整体属性的水流入水田时，此刻水资源同时兼具整体与部分的要素。此时的水既满足作为部分特性——私的需求，同时也具备整体的属性——即作为公共的水资源。水资源在稻田里的流动方式会不断遵循公私转换（整体与部分）的过程，直到灌溉了最后一层级的梯田，完成其“社会生命”后流入坝兰河。在灌溉过程中，水资源经历了如下过程：自然之水到具有社会生命的整体之水（此阶段水资源流入大沟但并未进入梯田），再到兼具整体与部分属性的灌溉梯田之水，最终流出打洞大沟进入自然属性。

当水成为打洞大沟具有整体属性的水资源时，其所凸显的整体内在于部分和部分中兼具整体的特征得到了最明晰的呈现。在流经每一个层级的梯田时，水资源在公私之间转换的每一个环节都兼具部分包含整体，整体内在于部分而存在的逻辑。这就是实际应用中我们看到的罗姆巴赫所认为的“整体内在于部分而存在，部分包含整体”的转换关系。这一原则与竜林祭祀观念中的分合转化，打洞大沟祭祀仪式中的上下生成是一致的。

第六节　结语

罗姆巴赫抽象出关于整体与部分之间的关系论述：整体不是“高于”个体而存在，而是“内在于”个体之中而生活，个体根本上只在完全的实在性中才成为个体，因此它也不能与其他个体分离，而是与其他个体“合一”。[①] 关于

① ［德］罗姆巴赫著：《作为生活结构的世界——结构存在论的问题与解答》，王俊译，上海，上海书店出版社，2009。

罗姆巴赫的哲学论述在社会学与人类学研究中讨论得并不多，但本研究的田野材料则支撑了罗姆巴赫关于部分与整体理论的思考与讨论，这不啻为在人类学研究中重新思考这一讨论的理论可能性。通过打洞梁子竜林祭祀观念中的分与合、打洞大沟祭祀仪式中社会组织的上与下、水利资源灌溉分配中的公与私三个个案，本篇讨论了打洞大沟中部分与整体之间的关系。而通过对上述三个个案的分析我们发现，打洞梁子人们的观念、仪式、社会组织中存在着一种整体与部分相互转换的原则，即：整体内在于部分而存在，而部分中则包含着整体。关于整体与部分之关系的讨论，涂尔干、列维－斯特劳斯、杜蒙以及罗姆巴赫都有自己的理解，这些理解用图 4–4 表示如下。

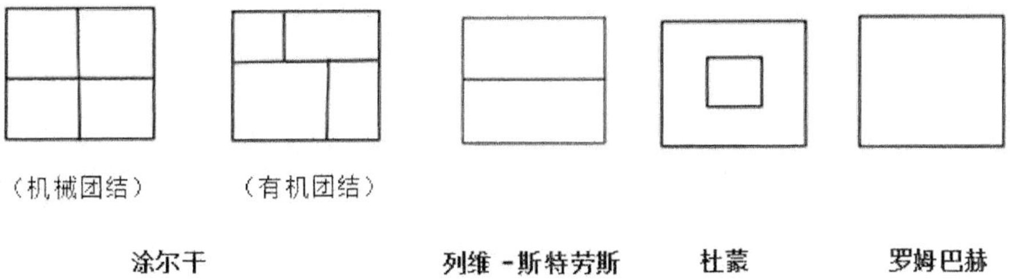

图 4–4　涂尔干、列维－斯特劳斯、杜蒙及罗姆巴赫观点中的整体与部分之关系

在这五个矩阵图形中，前两个表示涂尔干的机械团结和有机团结的关系。在涂尔干看来，一个社会共同体或一种观念体系，构成其整体的部分在人类不同的历史阶段经历了上述两种类型的转化。然而到了涂尔干思想的晚期，在讨论宗教思想中有关神圣物品的分割性时，涂尔干的思想与早期相比则有所变化："当圣物被分解后，它的每一部分仍然等同于圣物本身。换句话说，就宗教思想而言，部分等于整体，部分具有整体一样的力量，一样的功效。"① 如此看来，涂尔干的思想中也包含着对于整体与部分之关系的重新思考。

在我们所熟悉的列维－斯特劳斯的结构思想中存在着一种二元对立的同一关系，通过大量的神话学研究列维－斯特劳斯获得这样一种人类思维的对立存在关系。反过来看，在一个统一的观念体系里两种对立的关系构成了一种观念或者是社会实在的整体性。杜蒙则通过印度卡斯特制度的研究，引入了涵盖的

① ［法］涂尔干著：《宗教生活的基本形式》，渠东、汲喆译，300 页，上海，上海人民出版社，2006。

概念来修正列维-斯特劳斯的观点，认为整体中包含着对立面包含的部分。用图形来表示即是“回”字形关系，即整体涵盖部分是对对立面的包含。

与上述几位社会学、人类学家讨论的观点不同，本章的个案研究中打洞梁子人们的观念、仪式及组织中则呈现出罗姆巴赫认为的结构思想，即整体不是高于部分而存在，而是内在于部分而存在。研究认为，基于打洞梁子田野资料而获得的关于“整体内在于部分，部分中存在整体”的讨论对于人类学研究提供了富有新意的理论思考和田野民族志材料。

下篇　观念、文化与象征

黑树林地区民间信仰与社会团结的象征交融层次

第一节　引言

在人类学的研究中，民间信仰因参与者的构成特征（如国家、多民族参与等）有其相应的结构调适与社会团结形式。萨林斯（Mashall Shalins）提出“并接结构”（structure of the conjuncture）的概念，认为不同文化体系的人在相互遭遇的时候可从自身的宇宙观去结构并置“他者”的文化，并在实践行动中相互调适形成持续性的文化连接（cultural conjuncture）。① 巴特（Fredrik Barth）的交易论（transaction theory）认为，人们的行动并非受制于结构，结构并不是某种人们极力来维系的东西。它其实是一种附属物，是人们的策略无意带来的附属产物。因此不同文化群体的互动往往有可能会形成新的结构与文化。② 以巴特的理论为例，可以看出汉族居住区的民间信仰在与其他民族的互动中也会产生新的文化连接关系。华琛（James Watson）认为标准化的操作可以透过民间信仰将不同民族联系在一起，成为一个富有包涵性的社会体系。③ 华琛对天后妈祖的研究认为，天后女神外在一致的象征特点掩盖了信仰她的不同群体之间的差异。④ 由此可见民间信仰对于不同的文化群体具有公共统合效用。杜赞奇（Prasenjit Duara）对关公的研究提出符号叠写（Superscribing Symbols）的概

① ［美］马歇尔·萨林斯著：《历史之岛》，蓝达居译，上海，上海人民出版社，2003。

② Fredrik Barth: *Segementary Opposition and the Theory of Games*. Journal of the Royal Anthropological Institute，1959（89）：5—21.

③ James L.Watson&Evelyn S.Rawski eds：*Death Ritual in Latc Imperial and Modern China*. Berkeley：University of California Press，1998.

④ ［美］韦思谛编：《中国大众宗教》，陈仲丹译，57—92 页，南京，江苏人民出版社，2006。

念，认为神话符号同时具有既连续又不连续的特点，标志随着语义链的演变及其瞬间的延续和间断的特征在标志变化与社会变化之间产生联系。[①] 在杜赞奇看来，以关帝为代表的信仰会生产新的符号意义并与旧的符号形成叠加关系，在不同的历史语境中呈现新的意涵。

本章所描述的云南红河南岸打洞梁子汉族村落关公信仰与观音信仰的个案与哈尼族白宏人的竜林信仰交流，最终形成“有边无界”的互动模式并在长期的民族关系中起到了稳定与团结的作用。

第二节　云南黑树林地区打洞梁子的哈尼族白宏人与外来移民

历史上，哈尼族主要居住于红河南岸。《云南志略》载：“斡泥蛮，在临安西南五百里，巢居山林。”[②] 这一地区恰是今红河州建水西南处的红河、元江、墨江等地。乾隆《开化府志·种人》记录了哈尼族的生计空间：“窝泥，或曰斡泥。……性柔畏怯，多处山麓耕地。”[③] 道光《元江州志·种人》载：“窝泥，性俭朴，勤耕作。”[④] 民国《石屏县志·土司》：“窝泥，多居深山，茅屋如篷，竹笆作楼，名为土掌。人住其上，牲畜在下。掌之中央设火塘，爇火其中。”[⑤] 民国《续修蒙自县志·社会志》载：“窝泥，自呼哈尼，蒙之河泥里，即其所居也。其性柔，畏法，不敢为盗贼，然善合群，使鸟枪。春用牛耕，耕毕则放之野，秋成获稻亦贮之陌上。”[⑥] 通过历史文献梳理可看出，哈尼族主要居住在红河南岸的区域，他们的居住空间主要是山林地带。其生计方式为种植水稻，辅以采集狩猎。哈尼族俭朴勤奋，性格较为温和且热情好客，容易合群。打洞梁

① ［美］韦思谛编：《中国大众宗教》，陈仲丹译，93—114 页，南京，江苏人民出版社，2006。

② （元）郭松年、李京撰：《云南志略》卷四，王叔武校注，昆明，云南民族出版社，1986。

③ （清）汤大宾、周炳纂：《开化府志点注》，（清）娄自昌、李君明点注，兰州，兰州大学出版社，2004。

④ （清）汤大宾、周炳纂：《开化府志点注》，（清）娄自昌、李君明点注，兰州，兰州大学出版社，2004。

⑤ 袁嘉谷纂修：《石屏县志》，北京，中国文史出版社，2012。

⑥ 王锡昌纂修：《续蒙自县志》，北京，中国文史出版社，2021。

子的哈尼族白宏人同样符合历史文献中关于哈尼族的描述，历史上哈尼族人先于其他民族进驻此处，但打洞梁子并非封闭的社区，外部移民后期持续进入本地。他们与哈尼族白宏人共同开垦土地、繁荣贸易。据嘉庆初临安知府江濬源记录，红河地区“内地民人，贸易往来，纷如梭织。而楚、粤、蜀、黔之携眷世居其地，租地营生者，几十之三四”[①]。《哈尼族简史》记录，至20世纪50年代，黑树林所在的墨江、红河北部等地区汉族已经占有相当比例的人数。“哈尼族和其他少数民族受汉族经济文化的影响远比边疆地区深，明、清以来陆续进入了地主经济的范畴”[②]。由此可见，滇南红河地区历来都是各个民族休戚与共、相互交融之地。

根据调查，打洞梁子的外来移民主要分为两种类型：其一是汉族人自清中叶以来持续进入本地，他们投入资本与本地哈尼族人共同开发灌溉沟渠，扩大了土地的灌溉面积，为后续人口的增长和各民族之间的持续互动奠定了基础。其二是螺蛳寨的段氏家族。段氏家族从清初以来，自大理向东南迁徙经元江因远镇到达打洞梁子。

自乾隆二十六年（1761）湖广商人罗相文花钱开通沟渠——打洞大沟以来，汉族人开始进入打洞梁子。汉族人的进入是一个持续的过程，有进有出。根据访谈得知，汉族人进入打洞梁子后逐渐聚居在一起形成汉族村落，与哈尼族村寨毗邻而居。随着村落规模的稳定，汉族人村落开始修建观音庙和关公庙。村民丁树清讲述到：

光绪年间我们的老祖就从外地迁来打洞梁子了。我们来了么，给先来的汉族东家打长工，慢慢积累了点钱就跟民族买点田然后就开始种自己的田了。住嘛还是跟汉族一起住，这样生活习惯上好一些。以前娶媳妇么，也是会找汉族。所以我们汉族村子既是邻居也是亲家。家家户户都是等到生活过得好一些了就在家里设置祖先牌位祭拜老祖。但是村子里没有一个保护神，人家民族么有竜林，有贝玛[③]，我们什么都没有。后来村子慢慢壮大起来了，大家就一起商量着修观音

① （清）江濬源：《条陈稽查所属夷地事宜议》，《介亭文集》卷六，嘉庆十三年（1808）镌。

② 《哈尼族简史》编写组：《哈尼族简史》，100页，北京，民族出版社，2008。

③ 哈尼族白宏人社会中的神职人员，主要负责社区成员的疾病治疗、村寨净化、婚丧喜庆、建房等的仪式活动。也是白宏人社会与天神沟通的神职人员。

庙、关公庙。这是我们自古以来的神，就是拜这些了。[①]

从打洞梁子汉族村民丁树清的访谈可以看出来，汉族进入打洞梁子是一个陆续的过程，汉族基本上聚居在哈尼族人周边，随着村落的扩大逐渐建立了村落的公共庙宇空间。另一位访谈人，罗盛文告诉笔者汉族村落形成过程中人口有进有出，汉族村落是一个多姓杂居的村落，各个村民之间既有姻亲关系，也有宗亲关系。

我们汉族进来打洞梁子的时候，啥家的人都有，罗家、杨家、关家、刘家、张家、李家、丁家，等等，太多了。都是有进有出，有的来了几代人又搬走了，空下来的地要么被本村人兼并要么有新的住户进来替代，所以汉族的人口流动太频繁了。那个时候么，讨生活么，哪里的人都有。挨得住么，就留下了；到了今天后人还在，挨不住么，就绝户了。我的太爷爷说，村子里修关公庙的时候都是很多姓的汉族人参与了。人家民族也不信你的观音啊、关公这些神。参加修庙的人的名字就被刻在了功德碑上，留下来传给后人，让后人知道。今天看碑文上的人，好多姓氏的人家又都不在了。我们汉族修的关公庙和观音庙啊，就是能够把这些不是一个家族的人都团结起来。就像人家民族也有竜林，能团结在一起做事一样。[②]

下文笔者结合田野调查，继续讨论打洞梁子哈尼族和汉族的民间信仰情况，及两种信仰体系在打洞梁子的分布区域和层次关系。

第二节　打洞梁子的民间信仰及其分布层次

当地哈尼族人和汉族人均有各自的信仰，哈尼族信仰万物有灵，村寨中最大的神灵便是竜林中的竜神。而汉族建寨后集资修建庙宇，主要有观音庙和关

① 报告人：丁树清，报告时间：2019 年 4 月 19 日，报告地点：红河黑树林村丁树清家。

② 报告人：罗盛文，报告时间：2019 年 5 月 3 日，报告地点：下达东村罗盛文家。

公庙。

哈尼族的信仰主要是竜林祭祀。汉族因村寨不同，建立的庙宇有所差异，下达东村是关公庙而墨江黑树林村和红河黑树林村建的都是观音庙。每个村寨祭祀寨神或者供奉庙神的时间有差异，各个村寨在其祭祀期间各自祭祀。打洞梁子作为一个村寨联合体，有其共同的祭祀活动——“嘎洒罗”即打洞大沟祭祀，是在每年农历二月的第二个龙日举行，届时村寨以水利灌溉为单位分成“四大份”进行祭祀，祭祀物品由“四大份”组织的每一“份”平摊。

一、下达东村的关公庙

下达东村位于打洞梁子的山腰部位，其上是红河黑树林、塔普、达东三个村寨，下方是田房、龙洞两个村寨。下达东当前有24户人家，主要姓氏及人口情况如下。

表5-1　下达东村姓氏户口统计表

村落	姓氏	户数	人口	搬迁年代
下达东村	柯	5	22	清乾隆年间
	胡	4	20	清末
	万	6	24	清乾隆年间
	刘	4	15	清末民初
	杨	5	23	清光绪年间
	合计	24	104	

从下达东村的人口统计可以看出，下达东村是一个多姓村，村寨里的汉族祖上最迟是在清末民初搬迁过来的。下达东村村庙供奉的是关公和土地神。庙宇最初修建于乾隆六十年（1795），由于年久失修，下达东村于2009年在原址上进行重建。根据测量庙宇的面积为120平方米，分为三开间，中间供奉关公，左侧为山神，右侧为龙王。关公庙的四周有一片茂密的冬瓜林，但冬瓜林是达东村哈尼族白宏人的竜林，关公庙和竜林在空间上相互环抱。

在下达东村的历史上，关公庙的初建与村民罗相文有关。作为打洞梁子历史的重要人物，罗相文的事迹在关公庙修建碑和打洞梁子修筑沟渠的纪念碑上有记载。沟渠纪念碑上的记录涉及打洞梁子水利纠纷的判决，其中一部分记录了罗相文的生平。

光绪三十三年三月十六日堂判陆大老爷①

俱据罗公讳淑炳、字相文，系湖广武昌兴国州朝阳里中罗村南房人氏，生于雍正甲辰年十一月十一日辰时，父柏忠母吴氏。雁行三人，弟淑焕、淑灼自乾隆辛未年入滇，至元江择配室人张氏，生二子，长子仲德、次子仲春，次娶刀氏生三子，三子仲友、四子仲学、五子仲成。公于二十六年贸易入打洞村中，伙头为公曰：予处山荒尽可开田，有买得娘铺箐水沟一条，缺少工本，前开过几次。细问缘由，公向猛里村买地开沟，自备工本，不惜拮据之劳将水开入打洞村境内。众人向公买水，公向夷人买地各自开挖成田，即年幸蒙告竣。噫公城不惜艰辛，也予二十八年报明尹府，三十八年又报明州主宋升科请照存案，于乾隆四十一年钦奉上谕，案内滇省概免升科结照，官业开垦耕种。迄今，各村得食其田，子孙得守其择，求志于余礼也，而志之曰：昂匕之躬谦，匕之容，处山岭，福亦优隆。

从碑文可以知，生于雍正甲辰年（1724）的湖广武昌人士罗相文于乾隆年间入滇成家立业，并于乾隆二十六年（1761）因做生意进入打洞梁子。期间与本地伙头②达成协议，出资修筑沟渠，并用开沟获得的水源向本地“夷人”③买地开田。由于打洞大沟的修通，大量土地得到开发，打洞梁子土地的人口承载力提升。此后，汉族以家户形式陆续迁居打洞梁子，逐渐形成下达东、红河黑树林、墨江黑树林的村寨格局。汉族村寨与周边哈尼族村寨共同在打洞梁子生活，共用同一大沟进行灌溉。随着村寨规模的扩大以及人们财富的增加，罗相文倡导在下达东村修建庙宇。村庙里保留了初建关公庙时的功德碑，通过对碑刻的阅读与分析关公庙修建的历史背景也逐渐清晰。

① 黑树林田野碑刻资料，采集时间：2016年11月。

② 土司地区的村寨头人，是土司与村寨民众之间的重要中介人，村寨行政的实际管理者。

③ 本处的“夷人”指哈尼族白宏人。

大清乾隆六十岁次之乙卯孟冬月　　　　吉旦

功德碑记[①]

从来天下事，莫为之前，虽美弗彰，莫为之后，虽盛弗傅。所以创始固难，图终亦不易。昔罗公字相文，原籍系湖广武昌府兴国州人氏，时年二十六岁入滇贸易，游至元江惠远里打硐，遂家焉，迄今四十余载。于五十五年，公有乐善不倦，遂相率数十家同心勘化，不惜拮据之劳，兴工新建关圣宫。夫以僻壤边隅，竟有此庙堂之巍焕，墙垣之生辉，真足以壮村邑之观瞻。此皆诸公之法良意美，自可垂芳徽于弈口，口世世子孙为丁继耳。爰请余志碑记，余亦恍然不辞，纵不能僃述其所以，然而大畧不至有差也，是为记。

太平山教读弟子李向春敬提

从这份碑文中还统计出建庙之时下达东村捐资人的姓氏有：罗、杨、刘、朱、张、陶、周、郑、王、唐、曾、孙、赵、贾、廖、戴、宗、李、黄、郭、何等。根据乾隆六十年（1795）修建关公庙的碑文我们可以解读出如下信息：

（1）乾隆六十年下达东村已经有一定的村寨聚落规模。（2）下达东村（时为打硐）是一个多姓村，村庄里的姓氏多。（3）一个叫罗相文的人因经商来到打洞梁子定居40年，并有一定的社会地位和经济能力主导出资修建关公庙。（4）修建庙宇的目的是可以让村子更团结并且获得声望。（5）修建庙宇是一件有功德的事情，可以恩泽后代。（6）本村多个姓氏在当代的缺失表明汉族在下达东村百年历史中流动频繁。

通常情况下，汉族村落的形成包括了社会形态学的空间物理属性、社会属性和神圣属性。空间物理属性主要指涉构成村落的建筑、道路、河流以及其他公共空间。而村落的社会属性则包含了社区成员之间的各种社会关系，如亲属网络、社会组织，神圣属性则是基于空间属性之上的信仰系统，如土地神、庙宇信仰等。按照滕尼斯对共同体的定义，也即地缘、血缘、精神共同体[②]三个维度，三者共同成为村落共同体的内涵。据此，下达东村在兴建庙宇的过程中

① 田野碑刻资料：云南民族大学“黑树林民族问题研究基地”集体收集材料，编号：HSL-Archive-007，采集时间：2016年11月。文中断句为笔者所标注。

② ［德］斐迪南·滕尼斯著：《共同体与社会》，张巍卓译，60—63页，北京，商务印书馆，2019。

促进了村落共同体的形成。笔者在田野调查中就下达东村为何修建关公庙对村民进行了访谈，村里宋明成（时年70岁）解释道：

以前嘛，清朝时候、民国时候，社会动乱多，很多村子经常会遭土匪的抢劫，老百姓害怕就要请一个神灵保佑。关公既是财神也是战神，能文能武，所以我们的老祖先就请了关公做村子的保护神。有的村子也请观音庙，观音么大慈大悲，谁都能保护，有求必应，你求平安求子女都是可以求的。但是，说到保护村庄，还是关公更灵一些。我们汉族嘛主要就是请关公了，还有的说关公也可以变成山神和土地神保护村落，也是一个道理吧。①

罗相文定居下达东村兴建关公庙“壮村邑之观瞻”，这说明村寨步入相对稳定的阶段，汉族村寨在罗相文的带领下积攒了财力。与一般村寨将庙宇修建在村寨中心不同，下达东村的关公庙修建在村寨旁边的竜林里。竜林是达东村的神圣空间，二者共享一个物理空间，足见两村寨之间互相包容的关系。通过调查可看出，下达东村作为村民的聚落空间，其成为共同体是建立在村寨的神圣性基础上。罗相文是打洞梁子重要的人物。这既与他开通沟渠有很大的关系，又与他热心村寨公益事业，尤其是庙宇修建做出的贡献有关。在当地村民的话语中，一个人的名字能进庙宇的碑文是一件非常荣耀的事情。而庙宇作为村寨仪式信仰的稳定空间，也长时段地记录了村寨精英个体的历史，这又反过来增加了精英本身的文化资本。

二、红河黑树林村的观音庙

打洞梁子的顶部有两个汉族村寨，分别为红河黑树林村和墨江黑树林村，笔者选取红河黑树林村进行详细调查，情况如表5–2。

① 报告人：宋明成，报告时间：2019年5月2日，报告地点：下达东村民刘民成家。

表 5–2　红河黑树林村姓氏及户口统计表 [1]

村落	姓氏	户数	人口	搬迁年代	姓氏	户数	人口	搬迁年代
红河黑树林村	丁	5	22	清乾隆年间	杨	2	11	不详
	宗 A	7	28	清乾隆年间	王 A	3	12	清末民初
	宗 B	17	62	清末明初	王 B	4	17	中华人民共和国成立后
	邓	5	20	中华人民共和国成立后	宋	12	49	清嘉庆年间
	贾	2	8	清嘉庆年间	岳	2	8	中华人民共和国成立后
	钱	14	63	清末	段 A	2	8	清末
	胡	4	11	中华人民共和国成立后	段 B	1	4	民国
	朱	3	12	中华人民共和国成立后				
总计	户数		83 户		人口		335 人	

根据调查，红河黑树林村是整个打洞梁子最大的汉族村落。该村寨是多姓村，并有“同姓不同宗”[2] 的现象。红河黑树林村的汉族可追溯的移民史最早在清乾隆年间，较晚近的是在中华人民共和国成立以后。村寨供奉的观音庙最早修建于清嘉庆年间。[3] 该观音庙于 2005 年筹款 65000 元翻修，2006 年竣工。对于观音寺的重修村民们认为：

> 各个村子寨子都有自己的庙房，民族（哈尼族）有自己的竜林。我们这边以前是有呢，后来慢慢就衰败掉了。在修新庙之前大家临时搭建了一个小棚子供奉观音娘娘，但是太难看了，别个村子都修得好，我们这边实在是看不过眼。我们平时有个小灾小难的都要去庙房里求着观音娘娘，可是她连个住的地方都没得。别个人觉得我们村子能力不行，我们也觉得要把庙房修好给观音娘娘一个好的房子住，这样我们村子也才能团结。[4]

从访谈可以看出村民们对于重建观音庙的重视，一方面是出于求得庇佑，

① 本表数据采集自红河黑树林村民组长丁树清，采集时间：2019 年 4 月，采集地点：红河黑树林村丁树清家。表中同一姓氏后面的 A、B 代表“同姓不同宗”现象。

② 即同一个姓氏但不属于同一个宗族。

③ 访谈得知，因碑文丢失无历史文献可查。

④ 报告人：丁树清，报告时间：2019 年 4 月 9 日，报告地点：红河黑树林村丁树清家。

另一方面则是因为修庙可以体现村寨整体实力。红河黑树林村的观音娘娘会主要是在农历二月初二和八月初八举行，参加的人除了有本村村民，其他村子的汉族也会来祭拜。

三、哈尼族村寨的竜林信仰

竜林是哈尼族的寨神林，是哈尼族村寨立寨的必要条件。竜林作为水源涵养地，也是稻作文化的重要生态基础。主持竜林祭祀仪式的神职人员称之为“普玛阿布”汉语为“竜头”，“普玛”是竜林的意思，而“阿布”意为“老人或长者”。“普玛阿布”是村寨在长老和老白马[①]的共同监督下用鸡蛋占卜的形式选出来，年度性轮换。哈尼族的村寨并非单一家族世系群构成，其成员可含括不同家支世系。因此，竜林信仰体系既庇佑村寨的人口与社会双重丰产，同时也是区分村寨内外成员的重要边界。马翀炜将这种以竜林信仰为整合体系的村寨组织称为“村寨主义”。[②]

打洞梁子的哈尼族村寨之间因竜林信仰而产生联系，是以竜林为母体进行分化，因此根据竜林的分化过程可以追踪村寨形成的先后顺序与母体分离关系。竜林呈现出“块根”[③]分化特征，每个村寨成为独立村寨的前提是要从之前参与竜林祭祀的村寨竜林中偷取一根树枝，然后将其放到新竜林当中。这样便完成了神圣关系的传递，但上一级竜林与本竜林之间没有等级关系。

> 我们哈尼族寨子要祭祀竜林，这是村寨最大的神，也是每个寨子区别于其他寨子的根本。但是人口多了，田地不够种了，寨子就要分开。有些寨子里的村民就要去别的地方开垦土地，时间久了他们就搬过去了。但这个时候还不能称为寨子，只能称作“田房”，就是住在田里的小棚子。要是后面他们不参加寨子的祭竜了，也就不承担寨子

① 老白马，又称老贝玛或摩批，是哈尼族社会重要的神职人员，负责村寨的风水、建筑以及人身体的仪式治疗，社会秩序的重建等。老白马的身份需要经过多年系统的学习才能获得。

② 马翀炜：《村寨主义的实证及意义——哈尼族的个案研究》，206—221页，载《开放时代》，2016(1)。

③ 块根：最早用于解释社会组织类型，出现在法国哲学家费利克斯·加塔利和吉尔·德勒兹的作品《千高原：资本主义与精神分裂（卷二）》中。相对于根茎的分裂方式即基于二元分裂的模式分化出来具有主客关系和等级关系的分类，块根则呈现出去二元化、主客化分化的特征。

里的责任了。那个时候我们就知道，他们已经建了自己的竜林了。打洞梁子的哈尼族村寨都是从洛西河的坝茨村那里分出来的，后来慢慢地就有了达东寨，然后又从达东寨子分出了龙洞、塔普、螺蛳寨，塔普又分出了田房寨。分寨子的时候，都是要从以前旧的寨子竜树上偷偷摘一根树枝拿去放到新的一个小树林里，这样这个村子就有竜林了。但是，我们的寨子之间只存在亲戚关系，不存在谁高谁低的问题。①

打洞梁子的竜林分化如图 5-1 表示。

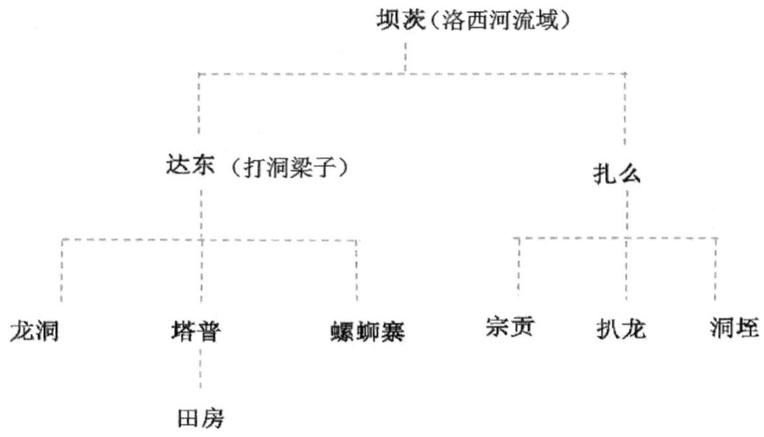

图 5-1　打洞梁子哈尼族村寨竜林分化图

从图 5-1 可见，打洞梁子的哈尼族村寨最初来自于洛西河流域的坝茨，随着分化逐渐形成了达东，又分化出螺蛳寨、塔普、龙洞，塔普又分化出田房。汉族的村寨不是以村庙为核心进行分化，而是一个随机生成渐次形成庙宇的过程。哈尼族的村寨“块根”分化，各个村寨有共同的根源，但彼此保持独立。而汉族村寨在打洞梁子则是弥散式穿插在哈尼族村寨中。

① 报告人：段好福，报告时间：2019 年 4 月 12 日，报告地点：螺蛳寨村段好福家。

四、水利纠纷与“嘎洒罗”仪式的地域统合

打洞梁子汉族村庄的民间信仰统合村寨内部的团结，在实践中民间信仰往往表现出“有边无界”的状态。这种状态的基础依赖于打洞梁子水利灌溉系统之上“嘎洒罗”仪式及其延伸的“四大份”①组织，以及每年农历二月第二个龙日的打洞大沟祭祀活动。打洞梁子每年农历二月的第一个龙日，有祭祀打洞大沟的历史传统。哈尼族有祭祀水源地，祈求水源充裕的传统习俗，哈尼语称之为“嘎洒罗”。一般来说，“嘎洒罗”仪式是以村寨为单位进行祭祀，然而打洞梁子的“嘎洒罗”仪式则是以包括哈尼族和汉族的 8 个自然村落为整体单位进行祭祀。这既与打洞梁子的水利灌溉组织有关，也与黑树林地区历时三百多年的区域性水利纠纷有关。

前文所述，乾隆二十六年（1761）打洞梁子在罗相文的出资下与当地哈尼族人共同开通灌溉沟渠——打洞大沟。自此打洞梁子进入大规模沟渠灌溉时代，随之良田增加、人丁兴旺。但打洞大沟的水源地腊马小河属于墨江县龙坝乡地界。在 1890 年前，龙坝地区因资金有限，无法开通灌溉沟渠，因此不存在与下游打洞梁子村落之间的水利纠纷。而 1890 年后龙坝乡竜宾村开始集资开沟，修筑了竜宾大沟。由于两条沟渠共用腊马小河上游，水资源供应紧张。为了优先获得灌溉水源，竜宾村截断了打洞大沟的水源，自此水利纠纷开始。②

由于水利纠纷两地之间长期处于对立状态，仪式性对抗也成为必要的“维权”手段，体现出“族群关系的仪式表达”的特征③。为了主张打洞梁子 8 个村寨的用水权，村民们集体商议，于 20 世纪 90 年代修建了打洞大沟纪念碑，并将历史上有关水权使用的碑刻贴合进了纪念碑。修建纪念碑后，村民集体协商借用哈尼族“嘎洒罗”仪式，联合 8 个村落共同举行规模宏大的打洞大沟祭祀仪式。以此强化打洞大沟的用水权以及基于地域认同的村落联盟。打洞梁子修筑打洞大沟纪念碑并举行祭沟仪式，便是以象征仪式强化水利资源的合法性。而打洞大沟的哈尼族和汉族村寨也因水利资源纠纷而成为地域共同体。“嘎洒

① 有关“四大份”的详细研究可参见：嘉日姆几：《“四大份”：从意义、行为到符号——云南黑树林打洞大沟管理制度研究》，54—62 页，载《西南民族大学学报》，2016（7）。

② 嘉日姆几，石吓沙：《非“民族”的民族问题：黑树林水利纷争的人类学研究》，43—68 页，载《法律和社会科学》，2014（2）。

③ 嘉日姆几：《族群关系的仪式表达》，63—74 页，载《西南民族大学学报》，2017（2）。

罗”仪式是以水利纠纷为背景强化地域认同的仪式，是汉族与哈尼族因仪式对立面竜宾而组织的“仪式共创”[①] 共同体。借用哈尼族的仪式组织形态，汉族庙宇信仰中的书写、偶像崇拜等形式，打洞梁子的汉族村寨与哈尼族村寨之间形成了更高阶的仪式共同体。

嘎洒罗仪式在打洞梁子依托灌溉组织的“四大份”进行。因此，嘎洒罗仪式的社会组织也被称为“四大份”。打洞大沟的“四大份”组织是指利用打洞大沟进行水利灌溉的自然村寨根据灌溉需求组成的各个分支。根据规定，“四大份”组织的每一“份”都有享用灌溉水源的权利，同时也必须要承担相应的沟渠维护、看护与管理的义务。

打洞大沟祭祀仪式结合了汉族碑文祭祀的习俗，同时又借用了哈尼族传统的沟渠祭祀仪式。祭祀仪式过程前文已有介绍，此处不再赘述。

通过对打洞梁子民间信仰的考察，可以看出，打洞梁子的村寨有以村寨为单位的内部团结形式，但这些村寨之间并非以此为边界。相反，各村寨以此为基础与其他村寨之间形成连结关系。如哈尼族村寨之间因竜林分化形成“子母关系”。汉族村寨的民间信仰则具有普世化的特征，因此汉族村寨之间的民间信仰有共通的基础。汉族村寨的庙宇与竜林则时常因为空间并置的关系而相互形成环抱关系，随着时间的推演，二者的空间边界逐渐模糊甚至融合在一起。因水利纠纷而产生的“嘎洒罗”仪式结合了哈尼族竜林祭祀的仪式形式与汉族庙宇信仰的共同特征，形成打洞梁子的村寨联合体的共同仪式，从而实现了村落之间的有机团结。

第四节　民间信仰与社会团结的相互型塑

一、信仰准则与日常规范

打洞梁子的信仰主要是以哈尼族的竜林信仰和汉族的民间信仰为主。从打洞梁子的信仰我们可以看出，哈尼族是历史上较早进入该地区并在这里按照哈

---

① 嘉日姆几：《族群关系的仪式表达》，63—74 页，载《西南民族大学学报》，2017（2）。

尼族传统生态系统进行农耕生活的。竜林作为哈尼族建寨的根基，其重要性在于从神圣性上确立了村寨生活的神圣—世俗二分结构。同时，村落因祭祀竜林而保护了生态系统。村落神圣性的确立对于建立村寨共同体内部的道德体系具有重要的意义。竜林对于村寨的庇佑是基于村寨成员日常行为规范和自我道德约束。如不得随意破坏人与人之间的行事准则、不得违背社会伦理，社会秩序的混乱会影响村寨的“洁净”，继而导致竜林的“不洁”。

通过村寨内部神圣性与道德体系的建立，人们的社会行为进一步得到了约束和塑造，人们在日常生活中对于自身的行为尺度也有了克制。以水利纠纷为例，即便是在因水资源争夺而出现的对抗中，双方也不会去破坏对方村寨的竜林。在当地人看来，不管是触犯哪个村寨的竜林，都会受到惩罚。另外，从竜林的分化我们可以看出，尽管不同村寨的竜林分化之间并不存在等级体系，但是竜林分化的人们之间是存在血亲或者姻亲关系的。这样一种嵌入式的亲属制度网络，不论是神话意义上还是真实存在的，都缓冲了彼此之间因争水而留下的裂缝关系。

打洞梁子的汉族相比哈尼族是后面移民过来的。汉族的到来在某种程度上改变了哈尼族传统的生活形态，从之前哈尼族人“四位一体”（即：村寨、竜林、梯田和沟箐）的立体生态系统逐渐转化成了以沟渠灌溉为主体的水利社会系统。汉族在打洞梁子的移民过程分为两个批次。第一批移民的高潮是以商人为主的时期。这一时期的特点是汉族以开发水利灌溉系统的资本来购得哈尼族的土地并进行大规模开垦。大规模的土地开垦在扩增水田面积的同时也改变了哈尼族逐水而居的生活习惯。随着汉族人进入数量的增加，汉族村寨也逐渐形成。打洞梁子下达东村的关公庙就是在这一时期逐渐形成的。关公庙在地理位置上是与达东村的竜林并列在一起的。从社会形态上看，汉族的村寨神与竜林处在同一象征空间体系里。到了后期，汉族移民则以零散家族为主，逐渐移民到打洞梁子形成了墨江黑树林村这样的村寨。在这种类型的汉族村寨里，观音庙则成了村寨的神圣空间。随着水利社会系统的构建，以灌溉“四大份”为主体的大沟管理和祭祀系统也将黑树林打洞大沟的哈尼族村寨和汉族村寨共同联结在了一起。汉族村寨与哈尼族村寨以“四大份”祭祀为整合单元，在每年的大沟祭祀活动中强调着彼此的地域合作关系。

二、民间信仰与社会节律

在打洞梁子，哈尼族的信仰主要是竜林。加上哈尼族的矻扎扎节、十月年，三者共同构成哈尼族的重要仪式与节庆活动。这三个仪式中，矻扎扎节主要是在农耕插秧前举行。其意义在于祈求神灵保佑，能够获得丰产。矻扎扎仪式主要分为两个层面的祭祀，一是以家庭祭祀为主，祭祀过程中每个家庭都要在天亮前到村寨最古老的水井里打水，每个前来挑水的妇女要在井口放一枚硬币，换来的水用于净化家户。二是以村寨为单位的仪式庆典活动。每个村寨都要凑钱杀一头水牛，并根据村寨家户的数量平均分配给每个家户。每个家户领取完牛肉后，下午便要在村寨公共议事的地方进行集体舞蹈，人们带来铜锣进行伴奏。整个村寨的人们都要在这样的集体舞蹈中跳到天黑。十月年则是在秋收以后的节日，十月年是为了庆祝村寨农作物收获而进行的祭祀活动。打洞梁子的村民们会在节日前酿好酒、杀好猪。同时也会以村寨为单位杀水牛并平均分肉，之后再次进行集体舞蹈以庆祝丰产。矻扎扎和十月年是以农耕节律为仪式性表达的节日，其社会意义在于祈求和庆祝世俗生活中的丰产。祭祀竜林活动是以整个村寨为单位，进行年度性强化竜林的“神力”。打洞梁子的汉族居住地与哈尼族相毗邻，其居住环境是以水利组织为主而非以民族为整合单元。

汉族之所以能在哈尼族居住的村落空间中长久定居，一方面除了汉族长期的土地经营，另一个重要原因在于其神圣空间是嵌入在哈尼族的神圣空间和节日节律当中。调查中，笔者了解到打洞梁子的汉族对观音寺、关公庙的祭祀活动与当地哈尼族的矻扎扎和十月年有相似的嵌入功能。在当地哈尼族看来，观音庙、关公庙和哈尼族的竜林祭祀具有相同的性质。哈尼族认为，汉族的寺庙即是他们的竜林。而对于有民间信仰的当地汉族来说，哈尼族的竜林祭祀也是一种对神灵的表达，同样得到了汉族居民的尊重。二者之间在有关信仰的宇宙观表达上形成了一种结构性的并接。

打洞梁子的民间信仰活动，在社会团结层面上起到了稳定地方社会秩序的作用。如定期要对丰产性的神灵进行祈求和感恩，强化了村寨内部的社会关系。不同民族之间的信仰互嵌则在横向关系上将汉族与哈尼族的关系紧密地联系在一起。年度性的仪式结构回归并非是一种线性的时间观表达，它更是强化了信仰背后的社会结构与民族关系。

三、民间信仰的跨民族连接

打洞梁子的哈尼族和汉族在维系自身民族信仰、仪式表达的同时也开创了彼此互动的信仰通道。打洞梁子的“四大份”随着用水制度的变更与水资源的变化，逐渐形成了一个重要的大沟祭祀仪式。以“四大份”为分水制度的社会组织体系，借鉴了哈尼族传统的沟渠祭祀仪式活动以及竜林祭祀的仪式表征符号，将对神灵的祭祀符号直接刻画到了对于打洞大沟的祭祀仪式上。神灵从具有拟人化的神灵体征转变成了具有抽象意义的以祭祀大沟和纪念碑为主体祭祀对象的祭祀活动。打洞大沟的祭祀活动超越了民族与村寨之间的边界，是以沟渠灌溉共同体为单位进行祭祀。汉族与哈尼族是以“四大份”制度中的“份”为单位行使其权利和义务。在用水制度的祭祀中，族界逐渐变得模糊，而新的整合规则强化的是更大的集体利益。通过祭祀仪式，汉族村寨与哈尼族村寨共同创造了以民间信仰为通道的公共关系域。这样的公共关系域也体现在打洞梁子哈尼族与汉族日常生活的信仰实践中。

四、民间信仰的跨文化融合

打洞梁子的民间信仰实践还包含了哈尼族与汉族之间的文化涵化。以打洞梁子的哈尼族与汉族为例。塔普村寨是一个典型的哈尼族村寨，但是历史上有几户汉族在移民的过程中逐渐获得居住权，并且在塔普开垦了土地进行耕种。随着时间的推移，居住在塔普的这几户汉族逐渐在信仰上选择了以塔普竜林祭祀为主的信仰实践。因此，他们不再参与墨江黑树林村和红河黑树林村汉族的观音庙的相关祭拜活动。尽管自己是汉族但是竜林祭祀对于整个村寨来说是重要的一个年度性祭祀仪式，因此不能缺席。在十月年和矻扎扎仪式中，居住在塔普的汉族则不会过这两个祭祀性的节日。到了春节、端午、中秋等节日，他们则遵循汉族文化过节。塔普的哈尼族则会去这几家汉族家里进行节日庆贺。从这个案例我们也可以看出，汉族居民出于村寨整体利益的考量，在竜林神圣性祭祀上选择了哈尼族的信仰体系，而在其他节日中则选择其传统的节日符号。其中一个重要的结果是增加了塔普村寨每年的节庆活动，也增加了村寨内部的互惠体系，两个民族在节日互动中加强交往，促进交流，形成嵌入型的社会层次。在哈尼族社会里以节日祭祀为载体的互惠活动促进了民族关系的和谐与融洽，并在祭祀中得到了彼此的祝福和尊重。

第五节　结语

通过对云南红河南岸哈尼族与汉族共居地打洞梁子民间信仰的考察，发现自清中期汉族进入打洞梁子以来，汉族的民间信仰便持续性地与本地哈尼族的竜林信仰产生互动，并形成稳定的社会连接，呈现出“有边无界”的民间信仰互动模式，促进了多民族间的交往交流交融，稳固社会团结。在几百年的跨民族民间互动中，水利开发和沟渠灌溉构成打洞梁子物质生产的核心要素。打洞梁子的汉族与哈尼族村寨通过“嘎洒罗”仪式，将打洞梁子塑造成一个村落联盟共同体。从长时段的视角看，构成打洞梁子社会稳定性的一个重要因素是汉族民间信仰与哈尼族竜林信仰长期互嵌，相互连接形成的社会有机团结关系。同时，各民族间相互交融形成内生动力，对促进民族团结发挥着重要作用。

“麻批麻普”：黑树林地区螺蛳寨段氏家族节日变迁与族属流变

第一节　引言

黑树林地区位于云南省红河州红河县、绿春县与普洱市墨江县和玉溪市元江县的交界处，包括红河县的三村乡、垤玛乡和墨江县的龙坝乡、那哈乡。三村乡为黑树林地区的核心区域，据三村乡政府工作报告，截至2015年1月，“该地区世居哈尼、汉两种民族，其中哈尼族占总人口的95%”。① 然而，事实上该地区民族构成复杂，不仅有汉族、哈尼族，还有从大理迁居至此由白族转变为汉族再转变为哈尼族的“麻批麻普”。

“麻批麻普”为哈尼语谐音，“麻”是“不”的意思，“批”指“汉族”，“普”为“除了汉族以外的民族（在这里，特指当地的哈尼族）”。因此，“麻批麻普”指介于汉族和哈尼族之间的群体。这些自称“麻批麻普”的哈尼族，主要集中在三村乡三村村委会的螺蛳寨，为螺蛳寨的段氏家族。他们自认为其祖先是从大理迁居而来的白族，并且认为自己是历史上大理国段氏的后裔，迁居到汉族住的地方便成了汉族，迁到哈尼族住的地方就成了哈尼族，而与当地民族融合的重要表征就是过当地人的节日。螺蛳寨作为一个自然村，共有119户，591人，主要以段氏、白氏为主，其中段氏共有79户，占该村的67%，该村全体村民的户口登记均为哈尼族。②

当具有不同文化的群体进行交往互动的时候，人们会尽量缩小他们之间的差异，从而寻找文化的相似性或文化共性。节日就是一个表达社会融合、群

---

① 该数据来源于三村乡2014年政府工作报告，是笔者在田野调查中于三村乡三村村委会所得。

② 该数据来源于三村乡派出所。

体共性的特殊的时机，“通常极其封闭的集团在集体激情的作用下暂时解除了它们各自的封闭性”。[①] 通过对节日的研究，可以更好地观察族群之间的互动、融合与边界。因此，笔者将以“节日”为切入点，通过对段氏家族主要节日仪式的参与观察及其家族记忆的访谈，来揭示段氏家族何以成为“麻批麻普”。

2015 年 1 月，笔者跟随云南民族大学民族研究所民族问题研究基地黑树林调查小组到黑树林地区进行田野调查，初次认识螺蛳寨特殊的段氏家族。2015 年 1 月至 10 月，笔者先后四次进入该地区调查，其间曾对该地区最为重要的“苦扎扎”节进行参与观察，并对段家人进行多次访谈。

第二节　矻扎扎节与段氏家族的节日表征

一、节日简介

“矻扎扎”是当地一年中最大的节日。当地人解释，在哈尼族宇宙观中，认为庄稼为大、人次之、牲畜钱财排行第三。“矻扎扎”是为了让庄稼长起来而过的节日，在节日中排行最大，因此过矻扎扎节时一个村子要杀一头牛。笔者调查地区，于农历四月第一个属虎日开始过节。

二、节日的仪式过程

矻扎扎节第一天仪式较多。按照时间顺序，主要包括：“抢新水”“插树枝”“在家门外献饭”“喂牛”“宰牛分牛”“在家里献饭”。

一是抢新水。天蒙蒙亮时，哈尼族妇女便要起床去建寨时所挖的那口古井里打新水。谁家抢在最早打水就预示着好运、来年能有好收成。打水时，放几粒米在井边，表示与井买水。抢到的新水要带回家里，将这些井水倒入家中的水缸，这些水代表对整个家庭的清洁。打来的水首先用来蒸献饭时所需的糯米。

---

① ［法］葛兰言著：《古代中国的节庆与歌谣》，赵丙祥、张宏明译，195 页，桂林，广西师范大学出版社，2005。

二是插树枝。抢完新水，妇女们要到寨子边折一些“哈巴”树树枝，带到家中用清水洗过之后，插到门口上方的竹筒内，并且用“哈巴”树叶包一些用新水煮的糯米饭所舂出来的糯米粑粑放在竹筒旁边。据说天上的“俄直”“石批”两位管农作物和人的神仙会骑着马下来与民同乐，家家户户门口所放的树叶和糯米粑粑是为了给两位神仙的马匹做马料；另一说法是“哈巴”树叶便是两位神仙的桌子。①

三是在家门外献饭。通常献饭是用一颗鸡蛋或者杀一只小鸡，再准备一点米、一碗清水、姜、茶水和酒。此次在家门外献饭，是献给外面不干净的东西(也就是鬼)，让它们先吃并告诫它们不要到家里来捣乱。

四是喂牛。在屋外献饭结束后，回到家里用青草包一些糯米饭或糯米粑粑来喂牛，意为告诉老牛这是它辛苦的成果。当地人认为如果没有喂牛，那些牛会很寒心、难过。

五是宰牛分牛。过节时一个村子要杀一头牛，宰牛分牛是一个村子的集体行为，代表一个村寨的整体性。村子里选出两家人来作为负责买牛和组织杀牛的揽头人，买牛费用由整个村子各家户均摊。主持宰牛的人是村子里 的“普玛阿布”（竜头），为这个村子受人尊重的长老，每年祭竜时靠打卦遴选出来。宰牛前，先由普玛阿布给即将被杀的牛喂食糯米粑粑并且磕头，告诉老牛“你没有罪，只是因为要过六月年，哈尼族人的祖宗、神仙要祝贺今年的秧田栽完，希望明年粮食丰收、五谷丰登、一年比一年增产，事事都兴旺起来，谷子要像水晶石一样白白透透。”② 喂食之后，村子里七八个壮汉将牛放倒，由普玛阿布用刀在牛的四肢和脖子处比划示意之后便可宰杀。宰杀的牛肉需要平均分配给各家各户，并将牛头牛角及下颌骨挂在指定的大青树上，牛的四肢则分给揽头人作为酬劳。均摊到各家户的肉必须包含牛的心肝内脏及肋骨。

六是在家里献饭。每家领取的牛肉及其内脏需带回家中煮熟，连同糯米饭、茶、酒等一起放到户主所住房间的床头柜上献饭，而肋骨则需一直放到下一轮羊日再一次献饭，也称过小年，为期一天。

第二天依然要献饭及宴请宾客，享受人神同乐的气氛。第三天献饭过后，需点一把火把，用一根木棍拍打家里的每个角落，把“俄直”“石批”赶回天山去。三天娱乐之后便停止献饭，村子回到正常的生活秩序。

① 报告人：三村乡李皮陆，报告时间：2015 年 8 月 6 日，报告地点：三村乡红河宾馆。

② 报告人：段好福，报告时间：2015 年 8 月 9 日，报告地点：红河县三村乡三村村螺蛳寨村。

三、段氏家族特殊的节日表征

在参与观察螺蛳寨段氏家族矻扎扎节的过程中，笔者发现段氏家族有四个与当地哈尼族不同的节日表征。一是抢新水时，哈尼族用米来"买水"，而段氏要往井里丢硬币，在井边上香。二是插树枝时，哈尼族插"哈巴"树树枝，而段氏插的是铁梨树树枝。三是宰牛分肉时，哈尼族将牛的四肢分给揽头人并将牛头的下颌及牛角挂在指定的大青树上，而段氏主张保留牛脚且不在树上挂牛头。四是哈尼族在节日第三天有驱赶丰产神的仪式，而段氏则没有此项仪式。对此，螺蛳寨的段好福解释说：

> 买水时候，民族（哈尼族）么是用米，汉族么一般是丢硬币。汉族是过春节的时候去买水。我们是过"矻扎扎"呢去买水，像汉族人一样，要把硬币丢在水井里，还要在井边点上一炷香跪着磕头。在门前插的树枝有三种，一般在门前栽松树、插铁梨树的，祖宗是汉族；一般插哈巴树的，祖宗是哈尼族。宰牛的时候，我们这里牛头、嘴巴、牛角之类没有挂在那棵树上，我们不挂的原因是那棵树没有做过仪式，没有这个传统。一开始我们就没有设置过这棵树的崇拜、祝贺。我们看汉族过清明的时候，在街上买猪头猪肉去献饭。一寨子呢过矻扎扎杀的那头牛，头脚给别人吃掉么，在没有分牛肉之前，纯纯的一个三斤肉，揽头人的误工费就是这些了。点火把么我们不搞。我们么，汉族也不是，哈尼族也不是，就是"麻批麻普"了。①

通过访谈可以看出，在长期与哈尼族杂居的过程中，为了融入哈尼社会，段氏参与了矻扎扎节的庆祝仪式并基本遵循了节日过程。由于祖源记忆不同，虽然段家人与其他哈尼族同过矻扎扎节，但是段家的节日并不具有哈尼族更深层次的节日内涵。

首先，当地哈尼族用米粒去古井"买水"，体现的是哈尼族宇宙观中以庄稼为大的观念，庄稼的重要性超越了人和钱财；抢新水则是对建寨时所建古井

---

① 报告人：段好福，报告时间：2014 年 8 月 12 日，报告地点：红河县三村乡三村村螺蛳寨村。

的尊重。而段氏选择丢硬币“买水”，并且在水井边插香，与当地汉族人过春节抢新水的方式一致，这是一种等级交换的逻辑。在汉族文化中，点香意味着请神。但是哈尼族的观念中，水井里并没有神仙，打新水不意味着请水神而是代表洁净，是一种社会秩序分类与社会更新的逻辑。二者之间关于“买水”的逻辑有着较大的区别。

其次，当地哈尼族在门外插“哈巴”树树枝，是为了请天上的神仙下来娱乐、保佑丰产。而段家使用的铁梨树不在这一文化体系之内，因此并未与哈尼族享有共同的神话体系。

第三，哈尼族观念中，建寨之时必须选定一棵大青树作为过“矻扎扎”祭祀的场所，如果没有这个祭祀场所便不成一个寨子。但是段家人建寨之初，认为自己的祖宗与当地哈尼族不同，虽同过哈尼族节日并未给杀牛场所赋予完全的神圣性。对于哈尼族，在祭祀过程中最重要的是动物的内脏，而四肢是排除在祭祀活动外的。段氏虽然分肉时也强调每家户必须分到牛的内脏，但是同时也在模仿汉族，将牛头牛脚保留下来并赋予其神圣性。

第四，在节日结束时，哈尼族点火把用木棍驱赶丰产神，意味着节日的结束与生活秩序的恢复。而段氏家族没有使用“哈巴”树请神，更谈不上用木棍驱赶神仙。

段氏家族的矻扎扎节，既保持了哈尼族节日的形态又书写了对汉族节日仪式的记忆。这种节日特征，与其历史上的三次迁居及其文化策略有关。段氏在迁居过程中过不同节日，其族属身份也随之改变，所体现出来的文化特征不断丰富，而段氏的祖源记忆也在文化碰撞中得以巩固。

第三节　家族记忆的历史裁剪

哈布瓦赫（Halbwachs，M.）认为“存在着一个所谓的集体记忆和记忆的社会框架”。[①] 保罗 . 康纳顿（Connerton，P.）在《社会如何记忆》一书中更具体地指出：“可以说，我们对现在的体验，大多取决于我们对过去的了解；我

① ［法］莫里斯·哈布瓦赫著：《论集体记忆》，毕然、郭金华译，69 页，上海，上海人民出版社，2002。

们有关过去的形象，通常服务于现存秩序的合法化……有关过去的形象和有关过去的知识，是在（或多或少是仪式的）操演中传送和保持的。”[①] 景军在分析民间记忆研究取向时总结：“一个民族特有的记忆在受到外部世界刺激之际会升华为强化族群意识的极大动力。”[②] 因此，追溯“文化”的历史，是关注当代人如何去回溯历史、裁剪历史。在笔者的田野调查中，段氏家族现今在“矻扎扎”仪式中所保持的特殊表征，正体现出段氏对其迁徙历史和祖先来源的记忆。段氏家族通过参与本土的节日仪式与地域相融合，又通过特殊的节日仪式表征表达对过去的记忆。并且，越是与地域相融合就越是激发段家对其祖源记忆与迁徙史的记忆，也越是促使段家凸显出其在地域中既融合又特殊的族群特征。

一、三次迁居

（一）大理—因远

螺蛳寨段氏家族自称祖宗是湖南的汉族，从湖南迁移到大理国时候，娶到白族姑娘就变成了白族，大理国灭亡后便逃难到元江县因远镇。从湖南到大理国的历史已无法考证，但是从大理到因远的历史可在因远镇段龙的墓志碑文中找到记录。

> 自古人之继世容可恕。我段公口寄滇南之裔，苍山贵籍。兄弟行商至此邑，见夫地广民稠遂娶忘归。段公娶妣周氏笃生一子名曰盟。叔祖段海亦娶妻氏有子，自兹中有风嗣，兄弟受祖上恩食邑延庆，公之子产三男，长名奴登，叔季名□□□□兄弟子孙振振百嗣云扔居集成邑。呼其乡曰段氏村噫！斯非二公之積（积）丰厚厚流光何如是之发祥乎，龙公曾孙安庆恐后裔不知二公流派遂立志铭。以垂不朽，□□□□共思水木同源以昭不忘斯善矣。
>
> 时龙飞康熙三十四年黄中月吉旦　长生　撒登　孝忠□□□□。[③]

① ［英］保罗·康纳顿著：《社会如何记忆》，纳日碧力戈译，4页，上海，上海人民出版社，2000。

② 景军著：《神堂记忆：一个中国乡村的历史、权力与道德》，吴飞译，19页，福建，福建教育出版社，2013。

③ 此碑文是段家人抄写自段家家谱《因远白族族源》一书。该材料由云南民族大学高朋老师收集。

由碑文可知，在康熙三十四年（1695），段氏家族从大理迁居到因远镇至少有四代人，并且已发展成为一个段氏村落。据螺蛳寨村民口述，他们的先祖叫段永，碑文中的段龙为段永之子，随之而来的还有段龙的弟弟名为段海。段家人到因远镇后，买到田地便在此地安家。当时该地为白族、哈尼族杂居，按照保甲制度来排，白族村寨共有八甲，段家是白族八甲中的二甲。二甲又名段家村，后又为元庆村、红安村。

（二）因远—竜宾

随着人口增加，因远镇段家村有限的田地不能满足段家子孙所需，遂分出六支到各地安居，只留一支继承祖产。其中，笔者所调查这一支迁居至墨江县竜宾村。段家人对自己的家史记忆如下。

> 分出来的六支么，我们讲得出五个。一个是迁移到元江县那各大寨，一个是迁移到垤玛乡红马村，一个是迁移到墨江县龙坝寨那里，一个是迁移到墨江县城。墨江原来叫“他郎”，我家么迁移来竜宾。竜宾那个寨子（历史上）形成了前八家后八家，我们是前八家。前八家我只能说出来六姓，是：老宋家、老宗家、老段家、老黄家、老尹家、老朱家。早以前我们这些姓，人口最不发达的就是老尹家和老罗家了，老宋家也不发达，只有两三家。①

此外，根据竜宾现存段氏祖坟段母沐氏之墓碑文记载，沐氏卒于乾隆三十七年（1772）。沐氏的丈夫段浩泚及其子段泚者的坟墓均在竜宾，但其孙子段者厄的墓碑设在螺蛳寨，说明段家最晚在段者厄这一辈已迁居螺蛳寨。对比因远可考碑文及竜宾碑文，可知段氏一家在竜宾居住时间不足百年。

（三）竜宾—螺蛳寨

段家在竜宾时与李家发生土地纠纷后签订一份契约，但后来契约丢失，因此失去了在竜宾居住的合法性。段氏看中打洞梁子地势，认为可以开垦良田，

① 报告人：段德文，报告时间：2015 年 11 月 4 日，报告地点：红河县三村乡三村村螺蛳寨村。

便迁居到打洞梁子与白家共同建立螺蛳寨。迁居螺蛳寨之后，与当地人合买水源并积极开沟垦田。三村村委会分水纪念碑处刻有买水《执照》：

> 嘉庆七年三月二十九日，因远巡抚检详据惠远里打洞村民：罗仲德、舒史厄、段厄鲁、杨聚云、王二保、司存杨德亮、李阿得、李安登等禀称：窃小的罗仲德父罗相文前备买银四百两买得他郎属之猛里村周者得等娘铺元属交界有水源一处。开沟引水至打洞山坡，以资垦田。因前父开沟一道历年已久，旧沟多有崩塌，沟水一路渗漏散流。小的等现于旧沟之下另开新沟一道，接上沟渗漏之水，穿山过岩约长三十余里，水到打洞荒山可以开垦田亩，将来水到之处田亩果能开成，小的情愿报垦陞科伏乞仁恩，据情转详恳请赏发执照承领，以便遵照开垦，顶沐高厚无既等情，据此。[①]

第一个迁居到螺蛳寨的祖先是段者厄，他的墓碑立于光绪乙酉年（1885）季春月。碑文中的段厄鲁为段者厄之子，买水时间为嘉庆七年（1802）。自段者厄开始，段氏便安居于螺蛳寨至今。

二、迁徙中的文化策略与选择

在三次迁移中，段氏家族每到一个新的地方都通过自主选择与当地人通婚并学习当地人的风俗习惯、过当地人节日等，来获得在当地居住生活的合法性，但同时也会保留历史上学到的文化特征。因而，段氏所承载的文化体现出一种显性特征及一种隐性特征。显性特征往往与迁徙地的本土相近，隐性特征与迁徙中所携带的文化特征及其恒定不变的祖源记忆有关。

（一）因远时期

因远镇历史上是哈尼族聚居区，明代开始有白族[②]进入。段氏家族明末清初由大理抵达因远镇，与当地哈尼族杂居。虽然这一时期以白族文化为显性特征，但也开始学习并接受哈尼文化，积极融入到当地的文化体系中。

---

① 分水纪念碑碑文节选。

② 白族当时自称“民家”人。

文化的融入主要体现在两个方面。一是：二甲村又称“迪厄厄比”，意为有龙洞井①的地方。哈尼族在选寨建寨时，必须在寨子边找到水源地修一口井并且请祭司做仪式，这口井称作“厄比”。正如在砣扎扎节日中所述，哈尼族村寨过节做仪式之前必须要到建寨的水井中打水。而段氏在因远时期，已经有了属于自己村寨的水井，并且段家村还有了哈尼语称呼，至少可以说明段氏当时已经开始与当地文化相融。二是：段氏在因远居住的后期已经开始出现父子连名制。父子连名制是彝语支民族常见的习俗，因远附近的哈尼族也保持着这一文化特征，即儿子名字的第一个字与父亲名字的最后一个字相同。据螺蛳寨段氏一支的家谱记载，从因远到竜宾段氏先祖的名字为：段永—段龙—段盟—段奴登—段者浩—段浩沘—段沘者。其中，段浩沘的墓碑出现在竜宾，浩沘是者浩的连名，且段奴登这个名字已经开始具有哈尼族名字的特点。由此可见，段氏家族在因远后期，其文化中的某些因素已经逐步趋向于当地的哈尼族。有意思的是，笔者在访谈中得知，一般哈尼族有两套名字系统，也就是一个哈尼族男性会有两个名字。其中一个名字是别人知道并且可以称呼的，而作为父子连名的这个名字取名慎重，必须父子连名但又不能与祖先的名字重复。父子连名制是哈尼族记忆祖先的方式，为了避免他人知道自己的祖先而造成对家族的伤害，哈尼族的父子连名一般不让外人知道，更不能被直接称呼。段氏家族虽然习得了哈尼族取名的规律，但并不畏惧被人得知其父子连名，既表明了段氏对哈尼族文化的掌握又体现出段氏祖源与哈尼族相异。如果说段家村拥有哈尼语名称还不能断定这是段氏主动融入还是被动接受当地哈尼族文化，那么从段家后人使用父子连名制便可得知段家人在与当地人接触中对文化的自主选择性。

（二）竜宾时期

竜宾是一个以汉族居民占多数的村子，周围被哈尼族村寨所包围。段氏迁居到竜宾村虽然只有短短几十年，但这一时期吸收了许多竜宾汉族的文化，以汉族文化为显性特征。同时也延续了其在因远时期的一些文化特点，形成了一种混杂的文化局面。

一方面段氏主动与汉族接触学习汉族文化，主要表现为到达竜宾之后开始

① 龙洞井指出水较大、水不断往外冒的水井。

学习当地汉族供奉“天地国亲师”的祖宗牌位，学习汉族祭祀祖先的方式并且与汉族通婚建立姻亲关系。直至今日，段氏对其在竜宾时期所建立的姻亲关系及其他拟制亲属关系还有强烈的认同感。另一方面，段氏又通过一些其他的文化表征将自己与汉族区分开来。主要表现为“建竜林”。段家搬到竜宾之后，该村形成“前八家”，即由八个姓氏组成，除了段氏之外还有从垤玛乡搬过来的哈尼族宗氏，其余六姓均为汉族。不同于汉族习俗，段氏又与从垤玛乡搬来的哈尼族宗家共同主持祭竜。历史上这一区域有傣族居住，哈尼族进入之后傣族搬离。傣族、哈尼族都有祭祀竜林的习惯，祭祀竜林是为了保佑村寨人畜兴旺、五谷丰登。段氏在因远居住时与哈尼族的交往中掌握了祭竜的文化习俗，到达竜宾建立竜林并与哈尼族宗家共同主持祭祀仪式。在段氏的家族记忆中，认为其他汉族六姓也参与过祭竜，但是汉族主持祭竜会导致谷粒干瘪、收成减少，以此来声明段家人与汉族祖源的差异。

（三）螺蛳寨时期

螺蛳寨原本不是一个独立的村寨，当时该地只有姓白的一家人在此居住，隶属于哈尼族聚居的打洞村。段氏搬迁至此，按照哈尼族建寨习俗与白家共同建立并开始讲哈尼语、穿哈尼衣、过哈尼节，以哈尼文化为显性特征，但同时也保留了部分汉族的习俗。

段氏从竜宾搬来与白家居住，按照哈尼族风俗与白家共同树立竜林、建立村寨并与白家兄弟相称。段氏至今将第一个搬到螺蛳寨的祖先称为“东塔阿布”，这一称谓本身就有浓厚的哈尼族特色。哈尼族本身为山地民族，对山的分类明确。哈尼语把一座山分为“东—角—洞”（即山上—山中—山脚），其中“东”指山上，“塔”有“上方”的意思，“东塔阿布”指住在山上的爷爷。有意思的是，哈尼族建寨通常在山腰，而段氏虽然按照哈尼族的习俗与白家共同建寨，但其后便倡导将寨址往上迁移。段氏所选寨址有一水塘，且水塘背后的山峰名“笔架山”，这一具有风水意味的名称和寨址选择将段氏与哈尼族区别开来。此外，前文提到段氏在因远、竜宾时期已出现父子连名制，但是段氏家族在螺蛳寨根基稳定之后开始兴修家谱、重新追溯祖源，反而没有继续使用父子连名制，例如“段来崇—段必忠—段世康—段好福”四代人名。

三、节日并接与族属确定

节日既是一个社会的整合机制，又是一个社会的排斥机制。节日可以将不同的人群整合在一起，参与同一节日的人群可以称为一个整体，而这一节日之外的人群同时也就成为了这个整体的他者。段氏在三次迁居过程中，所过节日不同，也就被整合到了不同的民族之中，有了三种不同的族属身份。换句话说，段氏所过的节日是其族属身份的表征。

> 在因远的时候么，我们是白族，过白族节日“三月三”，前些年已经改成叫“米干节”了。我们来到竜宾么就变成了汉族，天地国亲师也供着，春节也过。等搬到螺蛳寨么就彻底变成哈尼族了，开始就过六月年，就像汉族过冬大年一样，我们哈尼族节日最大的就是六月年了。[①]

段氏以白族[②]的身份来到因远，开始学习哈尼族文化；到达竜宾学习汉族文化并保持了哈尼族文化的特征；搬至螺蛳寨以哈尼族文化为显性特征，同时兼具汉族文化特点。虽然段氏承载了多种民族的文化特征，但是其在各地域有其显性的族属认同。段氏认为其在因远时还是白族，到达竜宾之后变为汉族，而搬迁至螺蛳寨之后改为了哈尼族。段氏在各地区的族属认同，代表了与各地方社会的融入，族属变更的标志是节日的变更。

段氏认为其在因远时期属于白族，与哈尼族分属两个不同的群体，主要过“三月三”节。当时因远有白族“八甲”，但周围也有哈尼族，两个民族相互通婚、语言相通，形成了一种“大杂居、小聚居”的格局。段氏在因远后期，虽已开始使用哈尼族的父子连名制、习得哈尼族文化，但因与其他白族同过“三月三”，认定自己为白族。“三月三”如今已被视为因远镇白族的特色节日，由于当地白族擅长做米干这种食物，2007 年因远镇政府组织当地人在农历三月三日举办“米干节”。可以说，他们之所以能保持自己的白族身份，与其独特的节日符号有很大关系。

---

① 报告人：段德文，报告时间：2015 年 11 月 5 日，报告地点：红河县三村乡三村村螺蛳寨村。

② 当时称为“民家”。

然而，当段氏迁出因远镇到达竜宾之后，便开始与因远镇的白族分道扬镳了。段氏在竜宾与汉族共居，不再过“三月三”转而跟随当地汉族人过春节。如前文所述，事实上段氏在这一时期一直使用具有哈尼符号的父子连名制，甚至还与同为哈尼族的宗家主持祭竜。但是，为了主动融入当地社会，段氏通过与汉族的节日共享主动参与到汉族的社会活动中，自己的族属认同从白族改为汉族。后来迁至打洞村并与自家建立螺蛳寨共同庆祝哈尼族节日之后，段氏以哈尼族的身份成功获得了在这一地域居住的合法性。自此，段氏将自己的族属身份认定为哈尼族。

在访谈中，段氏将哈尼族的矻扎扎节与汉族的春节看做类似的节日。段氏对节日的看法正好表达了其节日观：更加注重节日社会整合的功能。段氏通过春节融入竜宾村的社会生活，又通过“矻扎扎”等节日建立螺蛳寨的社会秩序。段氏家族在竜宾和螺蛳寨所过节日，更像是一种节日的“并接结构”。马歇尔·萨林斯（Marchall Sahlins）在《历史之岛》一书中提出的“并接结构”，“意在表示在一种具体的历史脉络中，文化范畴在实践上的实现”①。段氏在不同时期的节日实践可称之为“节日并接”，指通过参与当地人的节日庆祝而在具体的历史中融入当地社会的秩序中。这种节日并接与族属的变更，是参与到当地社会结构并被当地居民所认可的一种方式。

四、家族记忆与“麻批麻普”

节日蕴含着强大的社会整合功能，可以动员地域内的不同群体参与。但是，与此同时，不同族群与节日有关的神话体系及文化内涵的差异又恰恰成为了一个地域共同体中不同族群的边界。在前文中，笔者已经提到段氏家族在哈尼族群体抑或是汉族群体之中的特殊性。段氏对三次迁居的记忆都表现出对其祖源认可的模糊性。第一次认为祖宗是汉族与白族的结合，后变为白族，第二次认为祖宗从白族变成了汉族，第三次认为祖宗从汉族又成为哈尼族。这种祖源记忆的模糊性本身就是一种“麻批麻普”。但是段氏在迁徙过程中，显然更加注重强调其作为大理段氏的身份。究其原因，段氏在与其他民族的交往过程中既主动靠近其他民族，但又通过其独特的家族记忆及祖源认同，在融合中确

---

① ［美］马歇尔·萨林斯著：《历史之岛》，蓝达居等译，上海，上海人民出版社，2003。

立族群的边界。

我家在竜宾原先是汉族，就是现在到了螺蛳寨过年献饭的时候，必须在村口、门口、床头柜上或者是楼梯口、灶房里的水缸上，撒几枝松枝。使用松枝的这些人，说明原先是汉族祖先。不用松树，用哈巴树的，就是正宗的哈尼族“咪央”的四姓。“咪央央朋朋”就是垤玛老王家，“咪央央宗宗龙”就是老周家，“米央央村村那”就是老杨家，“咪央央齐齐开”是老李家，这四姓一般过年过节都用哈巴树。

像我们家这种，汉族的风俗也掺着一点，哈尼族的风俗也掺着一点，哈尼话来讲么是“麻批麻普”。①

通过访谈资料，可以看出段氏在竜宾作为汉族时，保留了哈尼族的文化特征；在螺蛳寨作为哈尼族时又坚持与哈尼族祖源不一致，并且以“松枝”等物品来表明自己曾经作为汉族的身份。段氏所过春节或者矻扎扎节，只是有过节的程序及功能，并不具备节日背后原本蕴含的文化内容。但是段氏又给节日赋予了新的文化内涵，即在节日特殊的表征中将自己在当地“麻批麻普”的身份凸显出来。无论选择了什么族属过什么节日，段氏始终坚定自己作为大理段氏家族后裔的祖源记忆，这种祖源与汉族不同、与哈尼族不同，虽然族属不断变更，但是作为大理南迁的段氏身份不会改变。段氏特殊的祖源记忆也成为其对汉族或哈尼族祖源及神话体系的一个排斥机制，因此段氏虽然过什么族的节变为什么族属，但是又在这种族属流变的过程中强调了自己特殊的族群身份，从而变为了如今所称的“麻批麻普”。

第四节 结语

段氏在不同时期都有多重文化属性，但是其族属确立是以所过节日为表征，然而在某种确定的族属身份之下总是包含着异质性的文化符号。在段氏

① 报告人：段好福，报告时间：2015 年 11 月 4 日，报告地点：红河县三村乡三村村螺蛳寨村。

的迁徙历史与记忆中，节日变了、族属变了、文化的显性特征与多重内涵也变了，唯一没有改变的是其特殊的祖源记忆。而这种祖源记忆的恒定，促成了段氏的节日、族属及文化特征的“麻批麻普”。表 6–1 记录了段氏三次迁徙过程中所过节日与族属身份的关系。

表 6–1　段氏家族迁徙路线与文化选择

	主要节日	族属	异质的文化符号	文化特征	家族记忆
大理—因远	三月三（米干节）	白族	父子连名	白族、哈尼族	段氏家族
因远—竜宾	春节	汉族	建竜林	汉族、白族、哈尼族	段氏家族
竜宾—黑树林	矻扎扎、十月年、祭竜	哈尼族	笔架山、松枝、修家谱	哈尼族、白族、汉族	段氏家族
	变 \ 麻批麻普	变 \ 麻批麻普		变 \ 麻批麻普	不变 \ 麻批麻普

“麻批麻普”至少有四层内涵。首先，虽然段氏坚定其为段氏家族，但是段氏家族祖宗源头本身就不是纯粹的汉族、白族或者哈尼族，段氏的祖源本身具有模糊性；第二，“麻批麻普”是指段家曾经做过白族、汉族、哈尼族，承载了多族群多地域的文化特征；第三，“麻批麻普”也成为了段氏在螺蛳寨的自称和他称，一定程度上段氏在螺蛳寨已经成为了一个特殊的族群，这个族群就叫“麻批麻普”；第四，“麻批麻普”代表着段氏的主动选择，段氏通过节日与地域融合，又通过节日中特殊的表征来凸显其特殊的身份，使得段氏以一种“麻批麻普”的身份获得了在这一地域中身份的合法性。“麻批麻普”这种中间状态，在节日当中形成，节日既代表了地域的融合，又凸显了族群的边界。

巴斯认为稳定的族际关系一般必须对互动加以一种结构化，即需要有一套对于接触的情形加以管制的规定，既要允许某些活动领域的沟通，也要避免在某些领域发生族际互动，以免文化的某些部分发生对撞和变异。在段氏家族的个案中，节日并接结构就是这样的一套机制，一方面段氏充分运用了节日的社会整合功能，通过节日促使其自身对地域的融合，另一方面巧妙地回避了节日中所体现出来的具有族群性的神话体系与深层文化内涵。但是，特别的是，段氏在节日中回避异族群文化内涵的同时，强调了其特殊的祖源记忆，主动选择了一种“麻批麻普”的身份。

黑树林地区的段氏家族通过节日实践构建了其“麻批麻普”的身份。一方面获得了身份的合法性，另一方面又合理保持了族群的边界。体现了段氏与汉族发生互动时主动的文化选择，同时也体现了段氏与哈尼族发生互动时主动的选择。在这一个案中，段氏在族群互动中不仅没有被置于边缘，反而体现出其在互动中的主体性。

“灵权”让渡：云南黑树林地区“玉拉枯”仪式中的莫斯命题

第一节 问题的提出

叫魂是哈尼族白宏人日常生活中常见的信仰仪式。哈尼族白宏人认为人与自然万物都是由“物”的本体与灵魂两种方式合而为一存在的。一般来说，叫魂仪式多是因当地人认为个体的灵魂受到外部邪祟的侵扰离开身体致病而举行，因此有关叫魂的研究往往与仪式治疗有关。然而笔者在云南红河与墨江交界的黑树林地区的田野调查则呈现叫魂仪式的另一个向度：在有灵魂观念的哈尼族白宏人社会中，当人的社会身份发生转移（如婚姻中的女性交换）时，叫魂仪式呈现了“对人权、对物权”的转移与交割。通过叫魂仪式可以探究白宏人社会权利中存在的灵魂权利让渡问题。

2019 年 4 月—6 月笔者在黑树林地区进行田野调查。“黑树林”横跨了红河县的三村乡、墨江县的龙坝乡大部分区域，是哈尼族白宏人主要聚居的地方。田野中笔者有机会参加了白宏人的婚礼仪式，其间红河县三村乡螺蛳寨的段氏家族举行了“玉拉枯”即给新娘叫魂的仪式。在白宏人的观念里，出嫁的新娘不仅身体要在婚后前往夫家居住生活，其灵魄也要在出嫁后前往夫家所在家户与社区安置。由于新娘从小居住在父母家生活与劳作，其灵魂会对家中的房屋、动物、土地、生产工具的灵魂产生深深的依恋，如果不将新娘的灵魂送走便会干扰其兄弟对上述物品的支配权。另一方面，新娘的灵魂如果不纳入夫家的家户与村寨，那么便得不到寨神与家族祖先的庇护，因而难以长期维系夫妻关系。白宏人婚礼中的叫魂仪式不仅涉及拉德克里夫 - 布朗（Alfred Radcliffe-Brown）提出的父系母系继承中的权利问题，更是将马塞尔 · 莫斯

(Marcel Mauss) 提出的“礼物之灵”问题从“物”的层面回归到了有关人的概念与礼物关系的讨论中，值得深入探究。

在实行外婚制的社会中，因婚姻缔结随即产生“对人权”与“对物权”的交割与继承问题，这也引发了父系或母系继嗣群继承的权利问题。反之亦然。拉德克里夫 - 布朗对上述问题进行了深入的讨论，他认为婚姻在某种意义上是夫妻双方所在父系或母系世系群成员权利的转移（即继承）过程。按照布朗的界定，权利可以分为三类：一是对于人的权利，即让人承担义务的权利，也就是罗马法中的对人权 (jus in personam)；二是对物权 (jus in rem)；三是针对整个世界，就物而不就人而言的权利，即让其他人对于此物承诺义务的权利。① 布朗特别强调了人与人的权利关系中也存在着和物权相似的对人的对物权：

> 我们可以看看来自像澳大利亚这样的简单社会的一些例证。男人对其妻子有一定的权利。其中有些权利是对人权利（rights in personam），据此他可以要求履行一定的义务。另一些权利为对物权利（rights in rem）。如果有人杀死了别人的妻子，那么，他就对她的丈夫犯了伤害罪。假如有人未征得丈夫同意便与其妻子私通，那么他对后者也犯了伤害罪。在某些部落中，男人可以向别人出租妻子，这其实是丈夫在同时行使他的对人权和对物权。②

通过对外婚制的讨论，布朗认为婚姻关系是某一父系（母系）继嗣群或个体获得（交割）“对人权”与“对物权”的过程。布朗在社会学的层面注意到了婚姻交换中个人社会身份转换带来的权利变更以及“对人对物权”的所属关系问题，然而布朗没有进一步去讨论在万物有灵的社会，人的权利转移其背后的“灵权”是如何转换的。有关物品“灵力”(hau) ③ 的流动，在莫斯那里得到了充分的讨论，莫斯认为“礼物”之所以具有“回礼”的强制性义务，是因

① ［英］A.R 拉德克里夫·布朗著：《原始社会的结构与功能》，潘蛟等译，32 页，北京，中央民族大学出版社，1999。

② ［英］A.R 拉德克里夫·布朗著：《原始社会的结构与功能》，潘蛟等译，33 页，北京，中央民族大学出版社，1999。

③ ［法］马塞尔·莫斯著：《礼物：古式社会中交换的形式与理由》，汲喆译，上海，上海人民出版社，2005。

为物品所附带的"灵力"如果不及时回到主人身边，现有的"货主"便会受到伤害。因此，以"礼物之灵"代入哈尼族白宏人婚姻交换，将人作为万物的一分子从而在"物"的层面上理解婚姻交换中人的"物权"让渡与"灵权"让渡，可以更加深入地理解婚姻交换中的权利交割与"礼物之灵"最终需回到"妻子给出者"方的深层意义。

第二节　红河南岸的哈尼族白宏人

哈尼族白宏人也称布孔人，是哈尼族的一个支系，主要生活在云南哀牢山区红河南岸的墨江、红河、元江三县交界的地区。白宏人语言属汉藏语系藏缅语族彝语支，采用父系祭嗣父子连名制。白宏人主要居住在海拔 800 至 2500 米之间的半山区，种植水稻、玉米等农作物。白宏人认为万物皆有生命灵力，因此形成了以万物有灵为基础的社会伦理与道德范畴。摩批（也称"贝玛"）是白宏人社会中与万物沟通的中介，也是维系人们日常生活中各种信仰仪式的主持者。

哈尼族历史上的婚姻形态因支系差异各有不同。民国《墨江县县志资料》载："黑窝泥又名布都……男家虽置新房亦不合欢，次日女眷即携新妇归宁，至半载或一载后始成媳焉。"① 根据描述可知，此婚俗为"不落夫家"习俗。该文献还描述了哈尼碧约支系的姑舅表婚"白窝泥一名必约，……其婚礼，女必尽舅家择配，若舅家无子另字，亦须于聘金中出阿舅钱三元。"② 此外，根据 1978 年的民族调查，实行姑舅表婚的支系还有卡多支系。卡多支系还实行"转房制"即兄长去世，其妻子由弟弟继承婚姻关系。③ 在 1960 年云南金平县三、四两区格邹支哈尼族习俗的调查中发现，里加扎格邹人实行严格的族外婚，婚姻形态上同时存在"从妻居"和"从夫居"两种形态。④ 通过梳理文献

---

① 胡钟霖、周雨苍：《墨江县志资料》，云南省图书馆藏，钞本。

② 胡钟霖、周雨苍：《墨江县志资料》，云南省图书馆藏，钞本。

③ 《民族问题五种丛书》云南省编辑委员会，《中国少数民族社会历史调查资料丛刊》修订编辑委员会编：《哈尼族社会历史调查》，100—101 页，北京，民族出版社，2009。

④ 《民族问题五种丛书》云南省编辑委员会，《中国少数民族社会历史调查资料丛刊》修订编辑委员会编：《哈尼族社会历史调查》，62—63 页，北京，民族出版社，2009。

可发现哈尼族因支系不同，其婚俗差异较大，调查发现，黑树林地区的哈尼族白宏人实行父系祭嗣支系内婚、血缘外婚的一夫一妻制。

第三节 哈尼族白宏人的社会继承与婚姻缔结

一、社会继承

哈尼族白宏人实行父系继嗣、父子连名制，族外通婚。按照规定男性不能与本姓家族的女性结婚，同姓开亲必须要间隔七代并不再共享家族祖先祭祀中的猪脖子肉。[①] 在白宏人的观念里，同一家族的人一定要在本家族的葬礼祖先祭祀仪式中分食祭祀给祖先的猪脖子肉。按照规定，凡是共享祖先祭祀中猪脖子肉的家族成员，无论间隔多少代都不能开亲。如超出七代，想开亲的则不能参与祖先祭祀中的猪脖子肉分食仪式，这也意味着该家庭及其后代已失去家族身份不再是本家族成员。解放前，白宏人结婚较早，女孩到十六岁就会有人提亲。男女交往中，往往是男性主动向女性表达爱意。表达方式为男方将心仪女方头上佩戴的帽子抢去，女方若不喜欢则需赠男方一定的礼物取回其帽子，女方如果对男方也心动的话双方便可以确定恋爱关系，男方便可上女方家提亲。

二、婚姻缔结

笔者于 2019 年 6 月在黑树林地区的螺蛳寨参加了段氏家族的出嫁仪式。该家族的段伟玲[②] 嫁到临县墨江龙坝乡白宏张氏家族，两个家族都为白宏人，其嫁娶距离约为 15 公里。按照白宏人的问亲传统，男女两方在约定的时间都要准备一些糯米饭团，饭团用芭蕉叶包起来。男女两方包扎糯米饭的绑法不同，其象征意义也不同。女方家包的扣子哈尼语称为“通剖”（汉译为“活扣”），男方家包扎的扣子“通私”（汉译为“死扣”）。其寓意在于，对女方家

---

① 报告人：段好福，报告时间：2019 年 7 月 12 日，报告地点：红河县三村乡白宏宾馆。

② 应当事人要求，姓氏为真，名为化名。

而言男方到女方家提亲是一个结局开放性的选择。女方家可同意缔结婚约也有拒绝男方家的权利，因此糯米饭用活扣系扎表示女方家在提亲中的主动性。对于男方而言，则希望能够顺利缔结婚约关系，因此包扎糯米饭是用“死扣”，希望能把女方“拴”在男方家里，也让说亲有个确切的结果。[①]

如果提亲获得女方及其父母的同意，则女方父母要与男方选定好日期回访。回访时，女方父母要邀请两位老人同往，通常是女方的舅舅、伯父或叔父。回访的时间是由双方父母商量，根据女方父母的出生年月和女方的出生年月由摩披[②]推算日期。女方父亲手里拿着芭蕉叶包着的糯米饭、茶和酒。女方家的糯米饭芭蕉叶绑法为“通剖”扣。在女方家回访的过程中，双方要商定好提亲费和“奶水钱”。“奶水钱”是为了感谢女方家抚养孩子的辛苦钱，这一笔费用根据婚礼当日男女双方参加娶亲仪式的人数来定。女方父母回访，双方约定好男方家定亲事宜，根据男女青年的生辰测算一个适合定亲的日子，男方便要正式来女方家提亲并商议好结婚的日期。在传统时代，提亲时男方家需要带茶叶和一些钱财。女方家要杀一只小鸡（不分公母）给男方家的伙伴包一个鸡腿，给伴郎的则是从中间分开一半的鸡；女方要给准新郎单独杀一只鸡，整只鸡包给新郎。女方还要准备糯米饭，并在中间包着粑粑。粑粑必须是成对使用，此外还要准备魔芋。段好福告诉笔者：“旧社会男方到女方家提亲需要带些茶叶和钱，相当于提亲了，那时候很少的，三四十元就打发掉了，还要拿秤称一下那个纸币的重量，纵然是一块钱也要拿来称一称。”[③]提亲的内容包括了彩礼的价格、带多少只鸡以及娶亲、送亲的人数。

三、婚礼中的“拉亚帕”丰产仪式

“拉亚帕”白宏话即为拜堂成亲的仪式，其仪式的核心指向是两性模拟交媾，其仪式目的一为促进男女双方家庭的社会丰产；二为教会男女双方行夫妻房事。该仪式的主持者是新娘与新郎两方年岁较高的姑姑，本地人称之为“嬢嬢”。以笔者在螺蛳寨的田野观察，两位嬢嬢要在新娘家客厅桌子对坐，以桌子为分界线代表两个婚姻集团。桌子上放着魔芋、豆芽、芭蕉叶、鸡蛋、鸭

① 报告人：段好福，报告时间：2019 年 7 月 12 日，报告地点：红河县三村乡白宏宾馆。

② 摩披，哈尼族社会中的神职人员，负责社区的祭祀以及家户日常生活中的各类家庭仪式。

③ 报告人：段好福，报告时间：2019 年 7 月 13 日，报告地点：红河县三村乡三村村螺蛳寨村。

蛋、茶叶和酒等物品。在仪式中，芭蕉叶代表男女两性的身体，魔芋代表女性的生殖力、豆芽则是男性生殖力的象征物品。鸭蛋和鸡蛋代表女性的怀孕能力，茶叶和酒是白宏人高规格礼仪的象征。仪式行进中，女方嬢嬢先把代表新娘身体的芭蕉叶正面铺在桌子上，新郎家的嬢嬢则把另一块芭蕉叶反过来压在女方家铺好的芭蕉叶上，代表男女交合。此后，鸭蛋和鸡蛋要放置在芭蕉叶上，两位对坐的嬢嬢开始轮回交换魔芋和豆芽。豆芽和魔芋往返交换数次即代表两性交合成功，新郎新娘正式跨入夫妻关系中。而在白宏人看来，此交合仪式也会增加两家的物质与社会双重丰产。

“拉亚帕”仪式的末尾，女方亲属要为新娘戴上代表已婚的饰品——“披羞”。披羞是一块方形靛蓝织染的布，下面挂坠着数根布条。披羞要系在已婚女性的后腰，代表其社会身份。当前在黑树林地区“披羞”作为已婚妇女的标识，多数是在年纪四十以上的妇女穿戴，年轻一代的白宏妇女仅在婚礼仪式中象征性地穿戴一下，日常生活中较少穿戴。“亚帕拉”仪式后，便是白宏人婚礼仪式中重要的给新娘叫魂的“玉拉枯”仪式。

第四节 “玉拉枯”：婚礼中的叫魂仪式

一、灵魂的羁绊：哈尼族白宏女性的原生家庭生活

在白宏人的观念里，人和自然万物都是由其物质本体和灵魂两部分构成。因此，有序的人与自然、人与人的关系是协调好其背后的灵力关系。白宏人采用父系继嗣制度，女性要在适婚年龄外嫁，其家中的兄弟则要在适婚年龄娶进家族之外的女性作为妻子。在传统社会中，女性在出嫁前基本都是在家操持各种家务与劳作，因此在白宏人看来，居家劳动的女性在“物”的层面上与家户中的各种牲畜、劳作工具以及田地、纺织品之间形成了很强的情感联结。在这种情感纽带的背后则是女性的灵魂与各种“物”的灵力之间形成了依恋关系。

我们白宏人的姑娘在出嫁前几乎都是在家劳动的，这些种的田

啊，纺织的布啊，养的牲口啊，姑娘家都是会参加而且必须要学会这些东西的。我们白宏插秧的时候，姑娘们下田插秧都要像哄小孩子一样给秧苗唱歌，基本都是把秧苗当孩子一样养的。姑娘养的鸭子，赶街的时候拿去卖都会哭，卖走的时候还会把鸭子的羽毛拔一根留下。一方面是我们白宏人觉得不留一根羽毛，就把鸭子的魂也卖出去了，以后养鸭子不好活；另一方面鸭子和姑娘之间感情太深了，得把鸭子的灵魂留在姑娘身边才安心。纺织机也是一样的，姑娘用过的纺织机如嫂子再用，还要告诉纺织机你的主人已经嫁去别家了，你要接受新的主人，不然纺织就不顺利。姑娘的魂跟娘家的东西关系紧密得很。①

通过访谈材料可看出，白宏人社会中未婚女性在出嫁之前与家中的各种"物"在灵力关系上形成了紧密的联结。在白宏人的观念里这种联结会促进家中的丰产力，如女性对秧苗如孩子般的呵护，对家禽的不舍与灵力的维系可以继续庇佑家禽的养殖率，而织布机的灵力与女性之间的合作会织出精美的布匹。然而在女性出嫁时，就需要割断这种灵力之间的牵绊。在白宏人看来，出嫁女性的社会身份已经属于新郎所在的家户、家族与村寨，如若不割断这种灵魂羁绊则会影响本家的丰产，并会阻扰她与新郎家"物"之间灵力的重新合作。"玉拉枯"仪式便是在婚礼中将这种灵魂关系斩断并赋予其新的归宿的过程。

二、"玉拉枯"仪式

"拉亚帕"仪式象征着夫妻之间的结合与丰产，而"玉拉枯"仪式则是一种社会身份与灵魂位格的交接与再定位过程。该仪式主要是由女方家以其兄弟的名义邀请摩披进行。结合田野调查与摩披口述经文，本节将重点介绍"玉拉枯"仪式中为待嫁女性送魂的仪式过程。哈尼族白宏人因父系继承，因此家户中的女性成员在其婚配后便失去原生家庭财富的支配权力。随之，新娘嫁入夫家逐步获得合法的家户成员资格与相应的物权。然而，白宏人认为社会层面的

① 报告人：白牙高，报告时间：2019年6月12日，报告地点：红河县三村乡三村村螺蛳寨村。

婚姻交换并不能完全界定新娘的权利边界。白宏人认为即使新娘出嫁，但如果其灵魂继续留在家里则会继续与家中的“物”结成紧密的关系，这些物因眷恋女性的灵魂而部分地拒绝其兄弟的权利。为了顺利让新娘的灵力跟随新娘前往夫家，娘家人要以新娘兄弟的名义邀请摩披进行叫魂仪式。根据田野调查并结合经文文本，叫魂的仪式要素包括：清晨日出之前开始仪式，地点是新娘家中供奉祖灵的屋内。需要准备新近酿造的米酒、祖先制作的大刺桐升①、自家田里产出的干净饱满的大米、自家的糯米。酒、糯米和大米是梯田种植文化中最重要的物品，而祖先留下的升则寓意着丰产。仪式参与者包括了仪式主持摩披、新娘、新娘家的父母与兄弟、新郎及接亲的其他成员。

在段伟玲的婚礼中，按照仪式要求新娘需要正坐在家屋供奉祖灵的旁边。以新娘为中间点左手为新娘家的父母、兄弟，右手则是新郎及娶亲的家属成员。摩披将仪式所需的物品盛放在用竹子编织的簸箕上。摩披将用花椒叶泡出的圣水抛洒在新娘身上，并开始进行“玉拉枯”叫魂仪式。摩披特别强调，净化仪式中井水必须是自家祖先打的那口井，其他的水都不能替代祖先的井水。

> 在黑土地上栽花椒树，在红土地上撒花椒种，要把椒叶泡进水里，用椒叶泡出的水最圣洁。西边猪滚塘里的浑水不能取，东边猪喝过的泉水不能取，松林中流淌的泉水不能取，要取从石缝流出的甘泉水，要取从石崖流下的纯净水。祖先莫于留下的井泉源源不断，要取早晨清甜的井水，要取小孩玩耍时爱用的井水。②

净化仪式结束后，摩披要站在村寨中心呼喊，告知周边的动物与其相处的女性今天要出嫁了。

---

① 这是用刺桐树为木料制作的斗升，一般用于贮存稻谷。

② 红河哈尼族彝族自治州人民政府编：《哈尼族口传文化译注全集》，377页，昆明，云南民族出版社，2013。

表 7–1　哈尼族白宏人居住区周边的主要动物分类表 [①]

<table>
<tr><th>分类范畴</th><th colspan="2">属性与内涵</th><th>状态</th></tr>
<tr><td>远离白宏人居住地的野生动物</td><td colspan="2">斑鲁斑资、斑资斑鸕、豹子、熊、狮子、画眉、黄鹂、竹鼠、飞鼠、黑蛇、绿蛇、色然、青蛙、花尾鼠、乌鸦、老鹰、百灵鸟、鼬鼠、小竹子鸡、黄鼠狼、穿山甲、水獭、野猪、麂子、野鸭野鹅、野牛、大象</td><td rowspan="4">未驯化</td></tr>
<tr><td rowspan="3">白宏人居住地范畴的野生动物</td><td>稻田地</td><td>田里的小绿蛇、黄鳝、蝼蛄、蚯蚓、虾巴虫、泥鳅、堆堆阿洋（鸟类）</td></tr>
<tr><td>村寨</td><td>蚂蚁、大蝎蝽、蜜蜂、鸽子、房子周围的老鼠</td></tr>
<tr><td>两可</td><td>小麻雀、喜鹊、苍蝇、依鸽；</td></tr>
<tr><td>人类培育的动物</td><td colspan="2">鱼、公母鸡、公母鸭、阉割的肥公猪、狗、竖起鬃毛的老母猪、长有粗毛的老母猪、短尾公猪、黄母牛、半大的母牛、用鼻嘶叫的公马、个矮眼圈突出的母马、黄毛公羊、小母羊、叫声沙哑的鹅、猫、水牛</td><td>驯化</td></tr>
</table>

摩披依照经文口诀宣告：在这个寨子附近的动物们，不管你是驯化的还是未驯化的，只要和这位女性相伴过的，今天就要与你们分别了，请你们不要再追逐她的灵魂，阻挡她离开的脚步。白宏人认为出嫁女性的灵魂与寨子及其周围的各种动物有交情，因此，如果不告知这些动物，那么很有可能其灵魂便会被阻挡。根据祭词程序，摩披要告知家族祖先：因为远古的规定，姑娘长到适婚年纪就要出嫁。摩披以媒人的口吻请求祖先告知要嫁出去的这位姑娘需要找谁来做主。

> 坐在火塘边的爷爷奶奶，你的孙女彩礼要多少？我孙女的彩礼我定不了，是坐在火塘前边的父母做主。坐在火塘前的父母亲，你们的姑娘要多少彩礼？姑娘的彩礼我们不能定，地板上来回走动的兄弟才能定。像鸽子一样成双的好兄弟，你的姐妹要多少彩礼？说到我姐妹的彩礼，不能与绿菜交换，也不能要升筒撮金银，要十两银子。[②]

① 本表的绘制基于访谈材料，并参照了《哈尼族口传文化译注全集》中“窝哲查·为出嫁姑娘招魂”中的经文部分。

② 红河哈尼族彝族自治州人民政府编：《哈尼族口传文化译注全集》，380 页，昆明，云南民族出版社，2013。

一般来说，在实际的婚姻缔结中婚配权是由待嫁女性的父母决定的，但从诵词可以看出，兄弟在姐妹的出嫁中占据重要的话语权。摩披在接下来的仪式中继续唱诵如果不给出嫁的女性招魂，那么就会损害其父母兄弟的物产。

即使有10个姑娘，也不能留在娘家，如果姑娘守在娘家，会使父母兄弟的9片土地流失；即使有10把砍刀，也不能随意砍柴，如果随意砍柴，会失去路上方九片灌木林。姑娘不能留在兄弟家里过完一生。姑娘不能在兄弟家过日子，如果姑娘留在兄弟家过日子，会守空兄弟家的9个库房，姑娘不能数为自家人，糯谷不能算作谷仓粮。姑娘最终成为别家人，公牛总要无偿为别家犁田。姑娘要去别的地方生活，要去喝别寨的水井水，要去守住别寨的磨秋场①。姆玛时期就把兄妹的规矩定下，萨咪时期就禁止兄弟姐妹结婚，兄弟要把姐妹的魂叫顺，要把出嫁的姐妹叫兴旺发达。②

通过上述可看出，当本家姐妹进入婚嫁阶段时，其与兄弟之间便会出现对立关系。当地人认为不出嫁的女性会让父母兄弟的田地流失，让兄弟家的库房粮食亏空。在哈尼族的观念里，水井的使用权也是获得一个村寨或者家族成员的身份权。因此，出嫁的女性失去了本家的水井使用权以及在过节时候打秋千的权利。与之相反，如果女性的魂魄顺利到新郎的村寨，就会在其丈夫的村寨建立新的生活。根据诵词解释，出嫁女性的魂魄如果顺利到达新郎家，那么夫妻二人便可以通过自己的辛勤劳动以及家族的继承获得属于他们的田地、房屋以及儿女。因此，婚礼中的叫魂仪式，以新娘为中心，其与兄弟、新郎之间的关系随着叫魂仪式进程的变化而产生新的社会距离。其所呈现的对姐妹/夫妻关系的转换与法理效度可用表7-2表示。

① 哈尼族在其年度性丰收节日即十月年时要在村寨的公共场地树立一个秋千供本村寨的人进行娱乐活动，本初以“磨秋场”指嫁出去的姑娘已经属于他人村寨的成员，不再共享娘家村寨的权利与义务。

② 红河哈尼族彝族自治州人民政府编：《哈尼族口传文化译注全集》，381页，昆明，云南民族出版社，2013。

表 7-2　叫魂仪式的进度与法理效度一览表

仪式主体 / 与新娘的关系效度	仪式前	仪式中	仪式后
兄弟	+	-	+
丈夫	-	+	+
兄弟村寨、祖先神灵关系	+	-	-
丈夫村寨、祖先神灵关系	-	+	+

通过表 7-2 可看出，在叫魂仪式前新娘与兄弟之间的关系是正向度的，即兄妹共同为家户的运行与维系提供劳动与相应的贡献，因此兄妹之间有相同的目标与正向合作关系。而在出嫁时兄妹之间的关系变得紧张，因为姐妹的魂魄如果继续停留在娘家就会阻碍兄弟家田地、粮仓的丰产，因此在叫魂仪式中兄妹的关系可标记为负。而在仪式的第三阶段，姐妹的灵魂顺利被叫走，新娘的灵魂完成让渡，因此兄妹关系中的危机解除，二者又回归到正向关系中。不过此时兄妹之间的权利义务已经产生变化，兄弟获得家族的继承权而姐妹失去继承权。从丈夫的视角看，新娘在婚前与其村寨和家族家户之间不存在任何关系，因此可以标记为负，但在叫魂仪式中兄妹之间的紧张对立关系是正式夫妻之间正向关系形成的开始，而在仪式后姐妹变成新娘，与新郎成为夫妻关系。成功的叫魂仪式顺利把新娘的灵魂带到新郎所在的社区，获得新的身份，因此仪式后期也是正向关系。新娘与娘家的村寨神、祖先以及万物之间在其嫁出去前是正向关系，而叫魂仪式剥离了这种庇佑关系因此标记为负，而在婚后则彻底解除关系因此也标记为负。与此过程相反，新娘灵魂与新郎所在村寨的关系在婚前是负相关，叫魂仪式中是正向关系，而在嫁入新郎村寨与家族后则被该社区的神灵和家族祖先庇护，标记为正向关系。

摩披在叫魂仪式中也以出嫁新娘的视角控诉了作为女性与兄弟相比所得到的不公平待遇，看到了新娘对自己权利失去的抗争，但同时娘家也以相应的嫁妆来弥补姑娘的这种不满。

兄弟姐妹一娘生。一娘生的兄弟姐妹，在同一个娘肚子里孕育，是父亲口袋里同一个稻种。建仓房和大房时，兄弟姐妹一起动手，脱土坯的时候，兄弟姐妹一起出力；挑水和泥的时候，兄弟姐妹一起合作。兄弟拥有几十间房子，姐妹却只能使用屋侧挂篾箩的壁钩。妹妹需要的房子，别人已经建好了。

修大田的时候。兄弟姐妹一起劳作，兄弟拥有几十丘田，姐妹却连田角也得不到。姐妹需要的好田，别人已经修好了。兄弟姐妹共同寻找财富，兄弟能得到几十两银子，姐妹却得不到财富零头。①

在祭词中，摩披生动描述了姐妹与兄弟同样是父母所生，承担共同的家庭义务，建房、修田劳作时姐妹付出了自己的辛劳却得不到与兄弟同样的权利。尤其是财产权，无论是房间或是田地继承上都没有自己的份。这种“不公平”最终演化成新娘对嫁妆的要求以及回娘家省亲时最基本的待遇补偿。

姑娘对省亲提出要求：姑娘为什么不断哭泣，姑娘还需要什么东西？每次杀鸡我要鸡腿，每次我回到家来时，要让我随意用手抓冷饭吃！兄弟做出的承诺：每逢回娘家说不上宰鸡给你鸡腿，每回娘家说不上随意给冷饭吃，到过年举行祖先传下的祭礼时，到冬季过扎勒特时，到夏季过矻扎扎节时，每次宰鸡的鸡腿会让你拿，不用你讨就让你抓冷饭吃，新年春的大糯米粑粑会给你，除旧年的小糯米粑粑会给你，不用你开口也会给你鸡蛋当玩品。②

从兄妹之间的对话可以看出，鸡腿与冷饭是优质食物的象征。在白宏人社会中，共享食物便是分享权利的一种隐喻，因此当出嫁的姐妹要求继续保留基本的家庭权利时，其兄弟出于愧疚答应她在特殊的时间节点给予她相应的待遇，作为在家劳动却不享受同样待遇的补偿。从兄弟的回答可以看出，出嫁姐妹回娘家必须是在祭祖、过节等特定的时间段才有机会共享权利，而这种分享是短暂的，受特定条件限制的。因此，嫁妆是姐妹从兄弟处获得的最实际的物质补偿。

姑娘为何不停地哭泣，姑娘还想要什么东西？想要纯银做的麻花手镯，想要似白茅根叶漂亮的银戒，想要银牌银首饰。想要一个抹

---

① 红河哈尼族彝族自治州人民政府编：《哈尼族口传文化译注全集》，381页，昆明，云南民族出版社，2013。

② 红河哈尼族彝族自治州人民政府编：《哈尼族口传文化译注全集》，381—382页，昆明，云南民族出版社，2013。

亮鬓发用的猪油罐，想要一把梳理头发用的木梳子。想要结婚用的布包，想要结婚用的篾箩，想要结婚用的斗笠。想要一个伴娘，想用手握着一个象征人种的鸡蛋，也想要一只漂亮的公鸭。①

通过调查材料以及文献看出，与一般认为的女性出嫁时哭泣中包含对娘家的依恋情感表达不同，女性的出嫁也包含了自己劳动付出而得不到相应权利的一种控诉，因此“麻花手镯”、银戒、鸡蛋等象征社会财富与社会丰产的物品成为待嫁女性争取自身权益的一种回馈。

综上论述，“玉拉枯”仪式以新娘为中心，以兄弟为主家、以新郎为交接对象，仪式核心是让新娘的魂魄顺利跟随新娘抵达新郎的村寨与家族中。叫魂仪式梳理了待嫁女性的灵魂在婚前与原生家庭及其村寨之间的关系。仪式指向是斩断待嫁女性的灵魂与原生家庭所在村寨的各种灵力之间的关联。仪式是一个灵权让渡的过程，灵权让渡的对象便是新郎所在的家族与社区。在摩披的主持见证下，姐妹 / 新娘既完成了社会身份的转换也完成了灵权的让渡。对于“玉拉枯”仪式，摩披白某表示：

这个仪式嘛，相当于法院里请了法官来断案嘛。姑娘嫁出去了，我们摩披的作用就是要给她的魂魂做个判断，我们一方面是见证人一方面还是法官嘛，最后断好灵魂跟着姑娘走，跟兄弟家不要再争啥了。那些跟她耍大的虫虫蚂蚁也不要再牵绊这个姑娘的灵魂了嘛，这样姑娘走得干净，两亲家也就放心了。她的魂魂就安顿在新郎家了，以后也不要来了。就是这么个道理了。②

摩披白某对“玉拉枯”叫魂仪式的解释清晰地表明了该仪式中姐妹 / 新娘灵魂的权利让渡与所属关系。在实行外婚制的白宏人社会中，姐妹的外嫁意味着兄弟需要从其他家族或者村寨娶回一个新娘来完成社会的再生产过程。按照“玉拉枯”仪式的界定，从以新郎视角替换兄弟的社会位格，则该社区与家族获得了因损失姐妹及其灵魂而获得的社会位格补偿。但与姐妹不同，嫁入的新

① 红河哈尼族彝族自治州人民政府编：《哈尼族口传文化译注全集》，382 页，昆明，云南民族出版社，2013。

② 报告人：摩披白某，报告时间：2019 年 6 月 12 日，报告地点：红河县三村乡三村村螺蛳寨村。

娘不仅填补了因姐妹流失而失去的劳动力与灵力，更是孳息了社会再生产的灵力，社区、世系才能得到继续延续。以长期概化交换的视角来看，姐妹的灵魂因婚姻关系离开主家，而在兄弟的位格中又以婚姻的形态重新回到了社区并使社区、家族世系获得了延续的可能性。因此，“玉拉枯”仪式中让渡的灵魂在概化互惠的婚姻结构中最终还是回到了家族、社区中，从而符合莫斯关于礼物之灵中灵魂必须回到主人身边的判断。

三、“玉拉枯”仪式的补充：婚邪祟解“玉扎普”仪式

“玉拉枯”仪式后期，在一系列的婚礼环节后新娘在新郎与接亲团的陪伴下离开娘家。为了守护刚招来的新娘魂魄，摩披还要帮新娘进行“婚邪祟解”的“玉扎普”仪式。白宏人认为，刚伴随新娘上路的魂魄容易遭到沿途各种邪祟的侵扰，继而将其阻留在娘家或者滞留在半路上，使新娘的魂魄无法顺利到达夫家。在螺蛳寨段氏家族的婚礼中，主家请了邻村的摩披帮助新娘举行了“玉扎普”仪式。

“玉扎普”仪式中摩披需要准备酒、大米、猪肉、牛肉、糯米粑粑等，其中肉是帮助新娘在路途上投喂万物灵魂以及凶死的人之恶鬼。仪式中，新娘要接受摩披的净化仪式，然后摩披开始念诵祭词。经文祭词的主要内容如下。

> 新娘的魂离开娘家，去到丈夫家的时候是虚弱的，容易受其他精灵与鬼怪的诱惑。此时灵魂失去了定位，迷失了自己的道路，不知道要去哪里，所以要保护它、引导它。我们摩披相当于法官，首先要向天地万物声明：本场祭祀的祭品不是献给天神娘娘，不是献给祖先，不是献给村寨最有声望的老人，也不是献给缔结婚姻两方的亲属，更不是献给与哈尼族人毗邻而居的傣族人家、汉族人家、彝族人家以及哈尼族其他支系的寨民们。这场仪式的祭品是为了投喂那些在半路上想要挽留新娘魂魄的精灵们，那些试图阻挡、引诱、伤害新娘灵魂的恶鬼们。[①]

① 报告人：摩披白某，报告时间：2019年6月12日，报告地点：红河县三村乡三村村螺蛳寨村。

在护送新娘段伟玲出嫁的路上，摩披要在新娘经过的每个地点念诵，并要在每个停留的点上给周边的精灵与恶鬼投喂食物，并告诫它们接受礼物后不要给新娘的灵魂找麻烦。笔者参加的婚礼中，新娘要从红河三村乡螺蛳寨嫁去墨江县龙坝乡，因此摩披便以该出嫁路线进行了祭祀。摩披先要给新娘村寨的精灵投喂牛肉，这些精灵包括了田地里的野生的鱼、野生的鸟类、豹子、老虎、画眉鸟、飞鼠、各种蛇类、各种昆虫，还包括了新娘种植过的稻田、田里的泥鳅、稻田里的谷穗、家里豢养的各种家畜与家禽。供奉完这些精灵后新娘便继续上路，在路上摩披还要继续拿肉类投喂那些饿鬼、鬼的妈妈、鬼王妈妈、害人的懒鬼。当经过其他村寨时还要投喂给那些村寨附近的鬼怪。最终在以肉投喂精灵、鬼怪的交换过程中，新娘的灵魂顺利来到了夫家。

“玉扎普”仪式整体的结构是：从新娘家到新郎家的婚姻路途，即一个通过仪式。在此通过仪式中，新娘完成了从娘家的未婚状态到夫家已婚状态的转换与过渡。在此转换过程中，新娘的灵魂进入混融状态，其灵魂的权利属性也发生了让渡。在此通道（送亲）中，新娘的灵魂处在一个虚弱的、自我迷失的状态中，精灵想挽留它，恶鬼想诱惑它、伤害它。在此含混的“通道”中，侵扰新娘灵魂的邪祟分为两类，一类是属于自然万物的精灵，另一类是人类死后的鬼。二者对新娘灵魂的态度不同，精灵更多是留恋、玩耍，鬼则是诱惑与伤害，但摩披的仪式不是惩罚或者消灭这些精灵鬼怪，而是用食物去交换获得通过的权利。在这一过程中，新娘的灵魂处在一个无权利主体的状态，只有主持仪式的“司法”人员要引导迷失状态的灵魂顺利找到新的权利归属地——夫家。

第五节　结语

本章通过细致的民族志材料详细描述了哈尼族白宏人“玉拉枯”仪式中的“灵权”让渡问题。在白宏人的文化观念里，人是由身体和灵魂两部分组成。当新娘外嫁时，其灵魂也必须通过相应的叫魂仪式从娘家转移到夫家，这一过程将新娘的灵魂与娘家所在的社区神灵、家族祖先以及家户中的万物之灵进行分离。仪式的最终目的是，新娘的身体与灵魂顺利到达夫家，其灵魂不再争夺属于娘家兄弟继承的物产，而是归属于夫家的村寨神、家族祖先与家户中的万物之灵。

通过对“玉拉枯”叫魂仪式的探讨，我们可以发现在实行父系继承的白宏人社会，家族的财富是由父系血脉的男性成员即同一辈分中的兄弟来继承的。姐妹因婚姻交换，在其生命的历程中社会权利从兄弟那里转入丈夫所在的村寨与家族中。此过程符合布朗所谈父系继承中对人权、对人对物权的转换。通过探讨哈尼族白宏人婚姻中的“玉拉枯”仪式，我们可以看到白宏人社会中，他们认为女性在未出嫁之前其灵魂与父系社区的万物之灵结下深厚的情感依赖。当女性外嫁时，如若不将其灵魂一并让渡给夫家，则新娘的灵魂会影响兄弟家的万物丰产与社会丰产。因此，新娘灵魂权利的让渡仪式从神圣层面上重新强化了社会层面上规定的父系继承制社会中女性的权利转移问题。此外，以礼物交换的视角看白宏人的“玉拉枯”仪式，叫魂仪式充分说明当一个家庭以“礼物精神”让渡其社会成员与另一家庭时，礼物的灵力终将以婚姻的形式再次回到礼物的送出者手中。

复数的水：打洞梁子的水与社会空间之关系研究

第一节　绪论

一、研究缘起

笔者对于黑树林地区的关注，主要是受导师杨洪林老师的引导。2014 年 9 月，杨洪林老师申请成立“云南省民族工作研究基地”。10 月，他便带领几名学生前往黑树林地区进行田野调查。当时笔者并未跟随前往，只是通过黑树林地区相关的资料搜集，对该地区有了一种“异域的想象”。在第一次田野调查的基础上，2015 年 1 月，杨老师带领 4 名老师及 6 名学生所组成的“黑树林调查小组”到黑树林地区进行了一次较为全面的调查。笔者就是在这次调查中第一次跟随“黑树林调查小组”来到黑树林地区。

这次田野调查共持续 20 多天，小组成员各自负责不同区域和不同主题，试图通过对黑树林地区不同侧面的调查，来解释黑树林地区水利纠纷发生的原因。当时笔者主要负责调查打洞梁子的生计方式、节庆与信仰等。在做调查时，杨老师交代不要直接询问纠纷的问题，以免碰到不必要的麻烦。显而易见，水是大家争议的焦点。打洞梁子由 8 个自然村组成，但是由 8 个自然村所组成的打洞梁子在争水的过程中却比由 3 个自然村所组成的竜宾村（行政村）“团结”。这个由多个自然村所组成的“打洞梁子”似乎更有一种整体性，而这种整体性在争水的过程中格外凸显。这就引出一个问题，如何理解这里的水与打洞梁子社会空间的关系？

要想厘清黑树林地区的水纠纷，首先要了解这里的水，并分析水背后所映射的社会关系。水在日常生活中随处可见，有不同功能的水，也有不同利用方式的水。那么水是如何被利用到日常生活中，日常生活又是如何影响到多元的水利用方式？当对打洞梁子村民进行访谈时，他们都认为梁子上现在依旧缺水。“缺水”成为了打洞梁子人们的集体认知。所谓“缺水”，一方面对应着水作为自然资源的短缺，另一方面对应着人们对水的需求。那么这个地方为什么会缺水？在哪个环节缺水？水与当地人的生活有什么关系？当地人如何看待水？水又是如何影响当地人的生活？打洞梁子的水开始成为笔者关注的焦点。

在田野调查中，笔者的同学给我讲述了传统哈尼族研究中对于哈尼村寨“四位一体”的描述。王清华《梯田文化论——哈尼族生态农业》[①]、李克忠《形·声·色——哈尼族文化三度共构》[②]、雷兵《哈尼族文化史》[③]等著作中，均提到大多数哈尼族传统村落是竜林在上、寨子在中间、梯田在寨子下面的格局。一般来说，人的居住空间不能超过竜林。2015年5月，笔者去到元阳县元阳梯田景区多依树村，将打洞梁子与“典范”的哈尼族村落进行比较。多依树村给笔者最深的印象是：水源丰富。这里的地景完全符合外人对哈尼村庄的想象，呈现出“森林—村庄—河流—梯田”四位一体、人水和谐的景象。但是，打洞梁子的情况比较特殊。打洞梁子上下共有8个自然村，哈尼族、汉族杂居，以哈尼族人口为主，其中5个自然村为哈尼族村寨，每个寨子均有自己的竜林，并且竜林的位置不完全在寨子上方。打洞梁子水源少、从地表流出的水源不丰富、梯田相对分散、旱地较多、植被覆盖少。通过对比，笔者对打洞梁子这个区域的特殊空间布局产生了好奇和疑问。打洞梁子地景的特殊性及水利用方式的差异，这也正是代表了社会空间的差异。

本章想讨论的问题是：打洞梁子村民对于水的认知与分类，不同分类的水所代表的村落空间层次，以及打洞梁子整体性的社会空间与水的关系。希望通过对打洞梁子的水与社会空间关系的详细描述来理解打洞梁子的人水关系，并且通过对二者关系的梳理来理解打洞梁子这个小型区域社会的形成过程。

二、相关研究回顾

本研究主要关注云南省黑树林地区打洞梁子这个区域的水与社会空间的关

---

① 王清华：《梯田文化论——哈尼族生态农业》，昆明，云南民族出版社，2010。

② 李克忠：《形·声·色：哈尼族文化三度共构》，昆明，云南民族出版社，2001。

③ 雷兵：《哈尼族文化史》，昆明，云南民族出版社，2002。

系。笔者对相关研究的学科脉络予以梳理，将其分为国内外有关水的研究以及黑树林地区的文献材料两个部分。

（一）国内外有关水的研究

有关水利社会的讨论，最经典的是以魏特夫为代表的治水学说。由“治水”引发出水利与国家控制、国家与社会、水利与社会组织等讨论。随着全球化、现代化的发展，环境成为人们关注的话题，水是环境中非常重要的环节，学者们也开始关注水污染、水治理、人水关系等话题。人文社会科学对水利的关注可以大致分为水与社会、水与文化两个取向，前者多为社会史学者讨论的话题，后者多为人类学者所讨论。

1. 国外的主要研究

如果把水看成一种资源，隐藏在“资源”这个话语的背后，就是人们围绕着对这种资源的需求，也就会产生对这种自然资源的争夺、控制、分配，也将赋予这种资源强烈的社会性。魏特夫强调了国家通过地方的水利事务来控制社会的重要作用。简单说来，他认为大多数亚洲国家中，国家与社会都可以被描述为“水利的”。① 在这种“治水社会”中，由于东方社会的水利灌溉需要一体化的合作，需要强有力的管理和控制，就必须发展出一个全国的组织网络。为了开展和维持治水事业，国家的军事、律法、城市等各个方面都以此为中心发展起来，形成一种水利文明。与魏特夫相似，拉铁摩尔（Owen Lattimore）在《中国的亚洲内陆边疆》一书中论述文化发展与灌溉起源的关系时，也持这种观点。② 这种“治水社会”学说引发了中西方学术界的很多讨论。

格尔茨（Clifford Geertz）在《尼加拉：十九世纪巴厘剧场国家》一书中直接与魏特夫对话，认为对于巴厘剧场式的国家，王室庆典代表的是国家的辉度，中心典范的向心力使一个国家得以维持；但是巴厘农业灌溉的管理很大程度上来自于基层生产自治。他先是描述了从水坝到最基本的灌溉单位之间逐级分水的过程，并且阐述了梯田组织、灌溉会社内部、灌溉会社和灌溉会社之间四个不同的分水层次。③ 之后描述了在“全巴厘庙”中举行的“全塔巴南”放

① ［美］卡尔·A. 魏特夫著：《东方专制主义》，许式谷等译，北京，中国社会科学出版社，1989。

② ［美］拉铁摩尔著：《中国的亚洲内陆边疆》，唐晓峰译，南京，江苏人民出版社，2010。

③ ［美］克利福德·格尔茨著：《尼加拉：十九世纪巴厘剧场国家》，赵炳祥译，上海，上海人民出版社，1999。

水仪式，这个仪式就是在水系区域的层次上进行的。这说明对于巴厘岛的农业灌溉社会来说，国王并不是专制者，而是象征性的管理者，当地组织农业灌溉是基于基层生产单位的自治。格尔茨所述的水利社会与魏特夫所认为的国家在水利社会中的决定和支配作用不同。

兰辛（Stephen Lansing）在 *Priests and Programmers：Technologies of power in the Engineered landscape of Bali* ① 一书中回应格尔茨提出的“剧场国家”，认为国家的象征权力不仅仅是表演性的，而是真正地参与了一整套产权的文化安排。他指出：巴厘岛基层农业仪式是对王室诸侯的超越。与格尔茨不同，他认为在整体的灌溉仪式中涉及三种角色：上层的王权、中层的祭司神权和基层生产单位（灌溉会社）的仪式，并且认为水庙系统中的仪式贯通于神权和底层社会，并且与王权分离。星罗棋布的水庙管理着当地的灌溉系统，形成了一套精妙的灌溉管理体系。通过对巴厘岛水利的讨论，否定了魏特夫所认定的国家在水利中所起的决定和支配作用，也揭示出了由水而延伸出来的复杂的社会系统。

弗里德曼（Maurice Freedman）的研究同样与魏特夫的观点不同。他的研究初衷是与埃文思 - 普理查德（Evans-Pritchard）② 等人类学家在非洲无国家社会发展出来的“裂变的宗族”的范式进行对话，指出在中国也同样存在宗族现象。在研究中，他指出中国东南地区宗族存在的原因是由于水利灌溉系统、稻作农业导致财富剩余、边疆地区国家不在场和宗族内部社会地位分化等四个变量促成。③ 弗里德曼主要关注宗族组织，对水利灌溉的关注只是侧面触及，但是他有关围绕分水形成区域自治的论述，对进一步研究水利社会有一定启示。

巴博德（Burton Pasternak）更加注重对水利系统与社会文化关系的研究，他对于弗里德曼“水利灌溉系统促成宗族团结”论述提出挑战。巴博德在中国台湾从事关于水利的田野调查，发现在他的田野中，有的社区灌溉池塘促成宗族团结，而有的社区水利系统却促成非血缘间的联合并进一步提出了他的“水利社会学”思想。他通过比较的视角，更加强调不同的水利系统对社会文化的影响。他关注“一个社区的水利系统怎样影响该地社会文化的模式，例如冲突和

① J · Stephen Lansing：*Priests and Programmers：Technologies of Power in the Engineered Landscape of Bali*. Princeton：Princeton University Press，1991.

② ［英］埃文思 - 普理查德著：《努尔人——对一个尼罗特人群生活方式和政治制度的描述》，褚建芳译，北京，商务印书馆，2014。

③ ［英］莫里斯 · 弗里德曼著：《中国东南的宗族组织》，刘晓春译，上海，上海人民出版社，2000。

合作较少、劳动力的供给和需求以及家庭的规模结构”。结论认为：“在其他条件相同的情况下，我们会发现依赖雨水的地区比依赖灌溉的地区更可能维持大家庭，至少，我已表明不同的灌溉模式能导致重要的社会文化适应和变迁。”① 巴博德的研究，虽然没有明确针对水与社会空间的关系作出分析，但是足以提醒大家关注不同的水利系统和水利用方式对社会文化的影响。遗憾的是，他仅仅分析了灌溉水利系统，没有重视水在日常生活中的多元利用方式。

杜赞奇（Prasenjit Duara）在《文化、权力与国家：1900—1942 年的华北农村》一书中，提出“权力的文化网络”，与施坚雅所提出的“市场体系理论”进行对话。② 他以华北“婚姻圈”和“邢台地区的水利管理组织”作为典型研究来论证“权力的文化网络”模式。认为当地最重要的水利组织称为“闸会”，闸会控制着灌溉用水的分配。除了闸会，家庭、小集体、闸会联合等都会影响分水。与水利管理体系并行的龙王祭祀体系，从闸会对祭祀庙宇的选择过程可以看到各闸会之间的联合与对抗。国家通过敕封龙王，也把自己的权威延伸到了乡村社会中，而绅士阶层则在国家与社会之间充当了中介人。在流域盆地之内，同一个闸会等级之间会彼此争水，但遇到更高级别的用水单位之间的纠纷时又会彼此融合，权力的文化网络也就在这种裂变分支的运行体系当中建立起来。相对于国家，水利与地方社会联系更为紧密。与格尔茨和弗里德曼相比，杜赞奇对于水利系统的论述，更强调文化网络是如何将国家政权与地方社会融合进一个权威系统的问题。

黄宗智在《华北的小农经济与社会变迁》的第三章中谈到水利与政治经济结构的关系，认为“长江和珠江三角洲地区宗族组织的规模与水利工程的规模是相符合的。两者也许可以视为同一生态系统里互相关连的两个部分，显示了自然环境和社会结构之间的相互作用”。③ 他细致地统计了河北、山东灌溉条件不同地区 7 个村庄的水井数，并且按照私井、公井、灌溉井等分类。他通过研究看到了在不同空间人们对水使用的差异，即使是同一个分类下的水井也有不同的功能。除此之外，他还注意到了乡村的居住模式与洪涝灾害的关系，认为“到过华北平原和四川盆地成都平原的人，都会注意到这两个社区农村居住

① 转引自：石峰：《“水利”的社会文化关联——学术史检阅》，载《贵州大学学报》（社会科学版），2005（3）。

② ［美］杜赞奇著：《文化、权力与国家：1900—1942 年的华北农村》，王福明译，南京，江苏人民出版社，2003。

③ ［美］黄宗智著：《华北的小农经济与社会变迁》，北京，中华书局，1986。

形式的差别：华北平原是集结式的，成都平原是分散式的。华北平原的村民在高地建屋聚居，以避洪涝，可能亦有集体对付灾害的用意。”①他注意到自然条件与空间的形成有关系，但是他并没有深入进去，他对华北平原生态环境的描述主要是为了突出该地区社会政治经济的演变，而无意于深究环境与社会空间相互影响的过程和细节。虽然黄宗智的研究没有将水与空间的关系深入下去，但他的研究也给予笔者一定的启发。

沈艾娣（Henrietta Harrison）则从道德经济的视角，着重考察了围绕着山西晋水水利系统所产生的水案及信仰仪式。她在《道德、权力与晋水水利系统》一文中，将焦点锁定在官方与民间的道德体系冲突上，认为官方更注重儒家的正统话语，反对卖水，强调协商，重义轻利；而民间百姓把水视作可以买卖的商品，作为整体的村庄将自己的水分看做是全部所有权，如果有侵略者便动辄武力，宗教仪式、传说等强化并推崇了用水的暴力冲突，而暴力冲突又强化了水权的归属意识。②沈艾娣对水权的研究表明水与国家、认知、伦理观念、信仰、祭祀、权力等不可分割。

日本的中国史研究者对“水利共同体”及“水利社会”也进行了探讨。“日本史学界对中国水利的关注主要从20世纪50年代开始，自1956年丰岛静英在日本《历史学研究》杂志发表《中国西北部的水利共同体》一文后，日本学界围绕‘中国是否存在水利共同体’问题曾展开了激烈的争论。”③森田明、好并隆司等将“水利共同体”的讨论归结为主要关注三个问题，即水权问题、水利组织与村落的关系问题、水利组织与国家的关系问题。70、80年代以后，日本关于中国水利史的研究开始从水利共同体向水利社会转变，其中比较杰出的代表作是森田明的《清代水利社会史》《清代水利与区域社会》等。

综合来看，魏特夫的治水学说成为当前民族学、人类学等学者对水利社会研究的一个对话点，从“治水”学说到研究水利自治、围绕着水利系统产生的信仰和象征系统、水利与宗族、水利与市场区域的关系、水利与国家社会等的讨论，呈现出了水利社会的多样性与复杂性。但是，由此也可看出，人类学、民族学界对水的关注主要集中在水利系统（大河流域及灌溉系统），很少有学者对一定区域内水的多种利用方式展开调查与讨论。

---

① ［美］黄宗智著：《华北的小农经济与社会变迁》，北京，中华书局，1986。

② ［英］沈艾娣：《道德、权力与晋水水利系统》，载《历史人类学学刊》，2003（1）。

③ 引自：张俊峰：《明清中国水利社会史研究的理论视野》，载《史学理论研究》，2012（2）。

2. 国内的主要研究

（1）历史学视野下的研究

中国人文社科关于水利社会的讨论一开始多见于历史学领域。历史学界常用来与魏特夫的“治水理论”相比较的是冀朝鼎在20世纪30年代所写的专著《中国历史上的基本经济区与水利事业的发展》。他从中国历史内部来分析治水与治国之间的对应关系，更侧重于分析因水利灌溉而发展起来的“基本经济区”在国家经营管理方面的核心地位，对治水与基本经济区和政治中心三者的关系多次进行论述。他在书中提出“基本经济区”概念，分析了从公元前255年到公元1842年间中国政治、经济、军事中心转移变化的规律，并为从宏观上重新理解中国历史和理解治水事业的重要性提供了全新的视角。[①] 冀朝鼎的专著沿着时间的维度分析了中国历史是如何围绕着治水而组织起来的，为思考整体的中国社会提供了一种水利的视角，但不适用对小型社区的水利研究。

随着人类学、民族学、社会学方法引入中国史学界，中国的社会史学家已经开始利用区域社会研究的方法来对水利社会进行研究，并且取得了一定成果。

郑振满在《明清福建沿海农田水利制度与乡族组织》一文中，认为“历史上的农田水利制度，不仅反映了农业生产力的发展状况，而且反映了农业生产过程的社会组织形式。”[②] 他通过考察明清时期福建沿海的农田水利制度来探讨与之相关的农村社会组织。他认为，当地的水利事业组织大致可以分为“官办”和“民办”两种类型，由于自然条件的差异较大，农田水利工程的规模不同，相应的组织形式也各具特色。大型的水利设施一般是“官办”，而规模小且分散的水利系统是由民间乡族自行组织兴修和管理的。郑振满看到了自然的水形态对于社会组织形成的影响，也看到了村民围绕着水形成的自治组织的分散性，认为在“官办”的水利组织日趋衰落后“民办组织”兴起，二者之间几乎是此消彼长。但是他没有继续关注“官办”与“民办”的水利组织之间的相互配合，以及对于不同层次的社会空间形成所起到的作用。

20世纪90年代中后期以来，特别是进入21世纪，人文社科关于水的研究在国内蓬勃兴起。以水利社会史为代表的区域社会史研究成果引人注目，为理解水与社会的关系提供了新的视野。行龙认为水与区域社会的政治、经济、

① 冀朝鼎：《中国历史上的基本经济区与水利事业的发展》，北京，中国社会科学出版社，1986。

② 郑振满：《明清福建沿海农田水利制度与乡族组织》，38—45页，载《中国社会经济史研究》，1987（4）。

文化等各方面都相互关联。“为此，以水为中心，勾连其土地、森林、植被、气候等自然要素及其变化，进而考察由此形成的区域社会经济、文化、社会生活、社会变迁的方方面面，理应成为解释山西区域社会发展变迁的一条学术路径。”① 2003 年，由法国学者蓝利克等倡导组织的中法合作项目“华北水资源与社会组织”完成了历时 4 年的田野调查，并出版了《陕山地区水资源与民间社会调查集》②，取得了丰富的成果。2004 年 8 月，在山西大学“区域社会史比较研究”学术讨论会上专门进行了“水利社会”这一专题讨论。王铭铭在会后撰写了《“水利社会”的类型》一文，学界指出对于“水利社会”这个概念有争议，但是从魏特夫所说的“治水社会”转向“水利社会”的研究，使区域社会史比较研究找到了一个新的切入点，为历史研究开拓了新的视野。③ 同时他认为应该对中国“水利社会”类型的多样性进行比较研究。行龙接过王铭铭所抛出的话题，专门写了《从“治水社会”到“水利社会”》一文，指出“水利社会就是以水利为中心延伸出来的区域性社会关系体系”，呼吁社会史研究开辟“水利社会史”研究这一领域。④

史学界在围绕着“水利社会”与“水利共同体”等话题展开的研究中取得了丰富的成果。例如钱杭的《对共同体理论问题的运用及思考》⑤一文，将“水利社会”与“水利共同体”进行区分。行龙的文章《晋水流域 36 村水利祭祀系统个案研究》⑥；钞晓鸿的文章《灌溉、环境与水利共同体——基于清代关中中部的分析》⑦；张俊峰的文章《明清时期介休水案与“泉域社会”分析》⑧及博士论文《明清以来洪洞水利与社会变迁》⑨；钱杭的文章《共同体理论视野下的湖湘水利集团——兼论“库域型”水利社会》⑩、专著《库域型水利社会研

① 行龙：《“水利社会史”探源——兼论以水为中心的山西社会》，载《山西大学学报》(哲学社会科学版)，2008 (1)。

② 白尔恒等编著：《陕山地区水资源与民间社会调查集》，北京，中华书局，2003。

③ 王铭铭：《“水利社会”的类型》，载《读书》，2004 (11)。

④ 行龙：《从“治水社会”到“水利社会”》，载《读书》，2005 (8)。

⑤ 钱杭：《对共同体理论问题的运用及思考》，载《传统中国研究集刊》(第六辑)，2009。

⑥ 行龙：《晋水流域 36 村水利祭祀系统个案研究》，载《史林》，2005 (4)。

⑦ 钞晓鸿：《灌溉、环境与水利共同体——基于清代关中中部的分析》，载《中国社会》，2006 (4)。

⑧ 张俊峰：《明清时期介休水案与“泉域社会”分析》，载《中国社会经济史研究》，2006 (1)。

⑨ 张俊峰：《明清以来洪洞水利与社会变迁》，山西大学博士学位论文，2006。

⑩ 钱杭：《共同体理论视野下的湖湘水利集团—兼论“库域型”水利社会》，载《中国社会科学》，2008 (2)。

究——萧山湘湖水利集团的兴与衰》[①]；鲁西奇的文章《“水利社会”的形成——以明清时期江汉平原的围垸为中心》[②] 等等。在这些专著及文章中，陈述了“湖域社会”“泉域社会”“库域社会”“流域社会”等多种水利社会类型，为理解不同区域下的水、不同的水所形成的区域、因水而产生的不同社会形态以及不同社会形态与水的关系提供了多元的视角。

总体而言，中国是一个水利类型非常多元的国家，从历史的维度对水利与社会的关系进行研究，对与理解水的多样性和不同类型的水利社会有很多帮助。但是这种水利社会的界定基本上是以灌溉用水为基础，史学家似乎都默认了水文化的同一性，都在同一种水文化背景的前提下来谈治水、争水、分水、水利与社会等问题，并不刻意去强调特殊的水文化及与水有关的宇宙观。

（2）民族学、人类学界视野下的研究

① 水与文化

同样关注水与人和历史的关系，但是与历史学家从“水利与社会”的进路不同，人类学、民族学家更偏向于从“文化”的角度来进行研究，以“他者”的眼光来看待水的文化性，即不同的水观念。泰勒（Edward Burnett）在其经典著作《原始文化》中就提到古代文化中的水崇拜，并且具体做出说明：“原始人认为，水不是受力的法则的支配，而是受生命和意志的指挥。原始哲学的水的精灵是强使水流的快或慢的灵魂。”[③] 泰勒的论述虽然带有强烈的进化论色彩，但是他所提及的“水崇拜”正是意指水背后的文化观念。这种水（物）的文化性也受到了中国的民族学、人类学家的重视。

费孝通曾用“半截身子插在土里”来形容中国的农民，意在说明在乡土村落这样的熟人社会中，人与土地的紧密关系。虽然他更加强调土地与中国乡土社会农民的关系，但其实他也认识到了水的重要性。他在《乡土中国》一书中解释了人们聚村而居的原因：“一、每家所耕的面积小，所谓小农经营，所以聚在一起住，住宅和农场不会距离得过分远。二、需要水利的地方，他们有合住的需要，在一起住，合作起来比较方便。三、为了安全，人多了容易保卫。四、土地平等继承的原则下，兄弟分别继承祖上的遗业，使人口在一地方

① 钱杭：《库域型水利社会研究——萧山湘湖水利集团的兴与衰》，上海，上海人民出版社，2009。
② 鲁西奇：《“水利社会”的形成——以明清时期江汉平原的围垸为中心》，载《中国经济史研究》，2013（2）。
③ ［英］泰勒著：《原始文化》，连树生译，桂林，广西师范大学出版社，2004。

一代一代地积起来，成为相当大的村落。”[①] 费先生指出了水利对村落形成的重要性。而王铭铭则更进一步强调：“如同土地一样，水在人创造的人文世界中，重要性不容忽视。”[②]

张亚辉从水的文化性这一视角来看太原小站营的水利社会，强调“水首先要作为一种象征，然后才能够成为一种资源”。他将水分成了“灌溉之水”“生活之水”“仪式之水”，并强调他的研究是为了“通过对宇宙观探寻来解释当地的水利史和日常用水行为”[③]，试图从文化、象征与道德观念的层面来理解道德宇宙观在晋祠水利社会的历史进程中的作用。认为“在很多区域社会中，水不但是权力的载体，同时也是地方社会得以构建的纽带”[④]，他将水看做一种介于物与神之间的范畴，认为水是连接“神”的研究与“物”的研究的关键环节。他在书中指出：“如果将当地的水利与国家专制的关系以及村落间的互动和流域社会的构成称作水的微观政治学，我要证明的是，这种微观政治学是如何奠基于水土关系所象征的道德宇宙观基础之上的。”[⑤] 遗憾的是，虽然他将水分成了“灌溉之水”“生活之水”“仪式之水”，但是这样的分类依然没有把水的利用方式与社会空间的关系完全的细化展开。因此他在谈到水资源与当地区域社会相结合的方式时，依然只是从灌溉用水的层面来谈其所涉及的国家、屯军、绅士、渠长甲、渠民等身份在晋水历史中所发挥的影响。

很多民族学、人类学学者往往更关注少数民族居住区的水文化。郭家骥以西双版纳景洪市勐罕镇曼远村的个案研究来说明傣族的水文化，并且对他所理解的水文化做出解释，认为“所谓水文化，就是一个民族在长期利用和管理水资源的实践中，基于对周围自然环境的认知与调适而创造出来的一种文化现象。它通常包括一个民族对水资源、水环境的认识与信仰，利用水资源的技术，管理水资源的制度这样三方面的内容，是信仰、技术、制度三元结构的有机整合。”[⑥] 郭家骥主要从傣族对水的信仰与认识、水利技术和水资源管理制度来陈述傣族独特的水文化观念，分析了水在傣族的宇宙观、价值观中的重要地

① 费孝通：《乡土中国》，北京，人民出版社，2008。
② 王铭铭：《心与物游》，桂林，广西师范大学出版社，2006。
③ 张亚辉：《水德配天：一个晋中水利社会的历史与道德》，北京，民族出版社，2008。
④ 张亚辉：《人类学中的水研究——读几本书》，载《西北民族研究》，2006（3）。
⑤ 张亚辉：《水德配天：一个晋中水利社会的历史与道德》，北京，民族出版社，2008。
⑥ 郭家骥：《西双版纳傣族的水文化：传统与变迁——景洪市勐罕镇曼远村案例研究》，载《民族研究》，2006（2）。

位，也说明了傣族的水文化对自然生态和社会制度所起的作用。他认为傣族传统的水文化观念对现代社会可持续发展有借鉴意义。

郑晓云提出“水文化”的理论，他将水文化定义为：“人类认识水、利用水、治理水的相关文化。它包括了人们对水的认识与感受、关于水的观念；管理水的方式、社会规范、法律；对待水的社会行为、治理水和改造水环境的文化结构等。”同时他指出，水文化又具有“民族性、地方性、不同文化背景及时代性等特征”。[①] 在此基础上，郑晓云倡导大家关注“水历史”，他将“水历史”定义为一门研究人类在历史上与水互动的过程、结果与影响的科学，并且指出国际水历史的研究领域主要包括：水的社会史、水利用史、水管理的制度史、水利史、水的治理史、水的文化史、水经济史等多个方面。[②] 郑晓云抛出的两个概念，都值得选取某个角度进行细化的研究。

从文化的角度来研究水的丰富性，最终要呈现的还是水背后的人。水之所以成为“水”，是人对其赋予了意义。事实上，在“水文化”的实践当中，水的利用方式是多样的，不同的区域、不同的人对水的实践不同，利用的方式不同，形成的文化不同，产生的社会空间有差异，反之亦是如此。水不是一个抽象的概念，不是匀质的水，而是体现在日常生活里人们对水的多种利用方式中。因此，笔者更加关注一个区域内，人们对水的多元利用与社会空间的关系。

② 水与空间

黄应贵在《空间、力与社会》中指出有学者的研究“涉及各个主体将各种物质及（社会文化）资源结合一起运作来替代或超越各个要素而建构出新的空间”。[③] 由此，可以看出物质（社会文化）对空间的生产也是一个有趣的话题。“而长期以来人们未能认识空间是属于社会文化现象中不可或缺的基本要素，空间在社会关系中所能产生的‘力’也被忽略了”。[④] 水就是这样一种既有物质性又有社会文化性的东西。但是专门关于水与社会空间之关系的讨论较少，只能零星地从某些学者的研究获得启发。

杨圣敏对坎儿井的研究，谈到了坎儿井与村落布局的关系，应该算是较早直接谈及水的利用方式与实体的社会空间之关系的学者。他的研究从坎儿井

① 郑晓云：《水文化的理论与前景》，载《思想战线》，2013（4）。

② 郑晓云：《关于水历史》，载《光明日报》，2014年1月8日第016版。

③ 黄应贵：《空间、力与社会》，载《广西民族学院学报》（哲学社会科学版），2002（2）。

④ 沈海梅：《空间、物与洱海区域白族人的族性》，载《西南民族大学学报》（人文社会科学版），2010（7）。

的起源开始说起，通过对碑刻、遗址、史料、环境等方面的考察，对坎儿井传播到新疆的历史背景、环境背景、社会背景等做出分析，并且详细叙述了坎儿井传播到新疆之后对当地的社会制度、农业灌溉、生活习俗、文化环境、房屋建筑等的影响。在对坎儿井的研究中，他论证了坎儿井在新疆出现的社会背景以及坎儿井引入后对当地社会和社会空间布局的影响。他认为最初人们只是利用天然的河水、泉水来解决人畜饮水，随着历史发展，人口的压力迫使人们修筑饮水工程以及开发小规模的灌溉农业。唐代以后，人口的增加推动了人们采用坎儿井技术，于是绿洲更加扩大改变了当地的社会结构。20 世纪 60 年代以后，吐鲁番引入机井技术，于是耕地再次扩大，机井周围又出现了新的移民村庄。[①] 纵观全文，虽然他提到了水与空间布局的关系，但主要还是沿着时间的维度来看灌溉方式与灌溉技术的改变与社会空间的相互影响。而笔者更加强调从空间的视角来看不同的用水方式水背后的文化及其社会组织。

比较有意思的是胡英泽的《水井与北方乡村社会——基于山西、陕西、河南省部分地区乡村水井的田野考察》[②] 一文，通过对北方乡村水井的考察，讨论了水井与空间建构、社会秩序、人口管理、公共空间、村际关系等的作用。特别是作者所提及的“汲水空间”与“行政区划空间”的交叉和不重叠，体现出了以水井为基础而形成的社会空间的特殊性和稳定性。但是他主要强调水井制度突出了地缘关系以及该制度所反映出来的北方乡村社会的特质，并没有谈到其他的水利用方式与乡村社会的关系。

笔者将对打洞梁子这一区域的水利用方式的分类进行深入考察，提出“复数的水”这一概念，了解“复数的水”与当地多层次的社会空间互相形塑的关系及其过程。

以往对水利社会的界定基本上是以某一流域（大型区域）或灌溉用水（小型社区）为基础，且这些研究几乎都是在单一族群的社区。学者们似乎都默认了在某一社区中水文化的同一性，在同一个水文化背景的前提下来谈治水、争水、分水、水利与社会等问题。或许对于很多学者来说，水利问题只是抛砖引玉，水利背后的社会才是重点，因此将水的分类悬置，把所谈及之水看作一个

① 杨圣敏：《坎儿井的起源、传播与吐鲁番的坎儿井文化》，《西北民族论丛》第一辑，北京，中国社会科学出版社，2002。

② 胡英泽：《水井与北方乡村社会——基于山西、陕西、河南省部分地区乡村水井的田野考察》，载《近代史研究》，2006（1）。

抽象的整体，成为一种“大写的水”。事实上，这种抽象的、大写的水实际上由很多种水组合而成。在“水文化”的实践当中，水的利用方式是多样的，不同的区域、不同的人对水的实践不同，利用的方式不同，形成的文化不同。水不是一个抽象的概念，不是匀质的水。水在人们观念及在社会中的出场体现在人的日常生活人们对水的多种利用方式中，反过来说，人们塑造出来的不同形态的水及多种功能的水恰恰体现了人们的观念及社会情况。因而，笔者提出“复数的水”① 这个概念，指人们在实践水的过程中，水被不断分化与分类，进而呈现出来的多种形态和多种功能。其内涵是水作为一个大的分类体系，它不是一个单一而抽象的整体，它是由各种形式的水复合而成的整体。笔者提出“复数的水”这个概念，与一般学术研究中所探讨的“大写的水”或“抽象的水”相对，认为复数的水才构成了一个完整的水利系统，其后对应的是某一或某些文化群体对社会空间的感知和分类。

（二）黑树林地区的文献材料及其研究

关于黑树林这一区域的文字资料记载较少。“黑树林”这一概念在黑树林工委成立之后开始被政府及当地人使用，并被当地人沿用至今。或许是因为黑树林所包含的这一区域位于哀牢山腹地，山高谷深，加之该区域历史上经历了多次行政区划变更，即使有少量文字记载，这些资料也较为分散，难以收集。因此，有关这一区域在中华人民共和国成立之前的历史，可查阅的文献资料很少。《红河县志》上记载了中华人民共和国成立以前发生在这一地区两次争议，主要参考了打洞梁子当地的石碑记载。打洞梁子上共有三块碑刻：一是被放置在三村村委会的石碑，正面刻有题为《执照》的碑文，碑文记载的是乾隆十六年（1751）一份买水的契约及嘉庆七年（1802）对这些契约的公证；背面刻有道光五年（1825）该村与邻村因收缴公粮发生争议的判决公示。二是竖立在下达东村庙房的功德碑，这块碑文记录了乾隆六十年（1795）该庙房修建的原因及当时的捐款情况。三是打洞大沟纪念碑，这个纪念碑竖立在塔普村上方的分水口处，1997 年 7 月建成。

在中华人民共和国成立之后，有关这一区域的文字记录多是政府工作报告以及民族工作队工作人员总结治理黑树林地区的经验与反思。例如当时云南省

① 此概念的提出，最初受到云南民族大学民族研究所高朋老师的启发。

民族工作队队长胡忠文主编的《和谐的使者：云南省民委民族工作队化解“热点”“难点”问题纪实》①、格桑顿珠等主编的《云南民族地区发展报告2003—2004》②。这些有关黑树林的相关资料，都把黑树林地区的民族关系追溯到乾隆十六年（1751）记录打洞大沟修建之初的一份买水契约上。然而，这些材料和文献中并未详细讨论这份契约与黑树林相关问题产生的关系。

2014年底，杨洪林（嘉日姆几）开始组织云南民族大学民族研究所师生对黑树林地区进行田野调查。杨洪林及其团队回到学校连续开展了七场学术讲座③，并已发表两篇学术论文④。学术报告主要包括打洞梁子祭沟仪式的过程及意义、打洞梁子段氏家族的文字技术、打洞梁子的信仰系统与地域整合及黑树林地区不同村落的经济行为与生态互动等主题。笔者在他们的基础上，主要聚焦于黑树林地区打洞梁子的水，试图通过分析该地区水与社会空间的关系，为理解打洞梁子区域社会的历史及人水关系提供一个新的视角。

第二节　复数的水：打洞梁子水的分类与分化

前文已经基本讲述了水对于这一区域的重要性和支配性。水是人们得以生存的前提，也是人们关注的焦点。在这里并不是说整个梁子的历史与社会网络都奠基在对于水的需求之上，一个历经几百年居住着近两千人的区域社会及整

① 胡忠文主编：《和谐的使者：云南省民委民族工作队化解“热点”“难点”问题纪实》，昆明，云南民族出版社，2008。

② 格桑顿珠等主编：《云南民族地区发展报告2003—2004》，昆明，云南民族大学出版社，2004。

③ 七场讲座分别是：（一）“从民族问题的“热点”地区出发——黑树林地区水利节分的历史表现及相关学术点”，主讲人—嘉日姆几博士；（二）“二龙争水：黑树林地区水利纠纷中的打洞大沟与竜宾大沟”，主讲人—嘉日姆几博士；（三）“云南黑树林地区水利纠纷——民族问题化的制度、文化与人的因素”，主讲人：嘉日姆几博士；（四）“仪式化：微观政治学的可能方案——云南黑树林打洞大沟祭沟仪式的当代再造”，主讲人：嘉日姆几博士；（五）“文字技术与中介身份的确定——云南黑树林段氏家史研究”，主讲人：高朋博士；（六）“分合之间：打洞梁子的公私转化与地域整合”，主讲人：李建明博士；（七）多因素型塑下的经济行为与生态互动——黑树林水利纠纷的结与解，主讲人：邵媛媛博士。

④ 两篇学术论文包括：嘉日姆几、石吓沙：《非“民族”的民族问题：黑树林水利纷争的人类学研究》，43—68页，载《法律和社会科学》，2014（2）；嘉日姆几：《民族问题社会建构的随机过程与马尔科夫性策略——云南黑树林地区水利纷争民族问题化的人类学解读》，31—40页，载《西南民族大学学报》（人文社会科学版），2015（8）。

体的宇宙观是婚姻、信仰、政治、族群、宗教、生计等方方面面相互交织而成。但是，水这个既有地理空间性及社会属性的物质，串联起了梁子的历史，也连接着梁子里外的社会网络。因而，可以将水作为了解打洞梁子的一个媒介。

如今的打洞梁子一片祥和，沟水流过村庄再流向梯田。随着上游娘埔水库投入使用，打洞大沟缺水的问题已经基本得以解决。笔者通过多次田野调查，细致观察了打洞梁子上水的不同形态，了解了打洞梁子上人们对于水的多元利用方式。在参与观察的基础上，将梁子上的水分为水井、坝塘、水沟、水库、水管等五种物理形态，这些水既承载了人们的集体记忆、象征图式，也满足了人们不同的需求。本节将对打洞梁子“复数的水”进行详细描述。

一、水井

打洞梁子上每个村庄都有水井，而这些水井的内涵却不相同。按照梁子上人们的分类，有些有水源的地方虽然用水泥砌成了水井的样子，但是当地人却未必将其视为水井。红河黑树林的村民小组长丁树清对井的分类进行了解释。

> 小学买冰棒那家那里有一口井，这口井是供他家田的。那口井好像不叫井了，就是一个水塘塘把它修好了，现在有工人在那里盖房子么，把它修起来用水方便了嘛。乡政府下面那个也不叫井，那个是对面两家自己家方便么自己家修的，集体不修，那个不属于井。[①]

客观来看，梁子上下分布了很多水井。但从丁树清的介绍可以明显发现，在当地人的分类中，井是具有集体属性的水源。仅为私有性质的水源，即使有水井的形状也不算水井，一般被称为“水池”。在市场新区的居民家里几乎每户人家都修建了一个水池，在村庄里也偶尔有人家修建了储水的水池。而能被称为“水井”的有三种：一是每个村庄都必须有的古井；二是供给村落集体用水的水源井；三是公众井。

打洞梁子上每个村寨都有一口古井，这口古井是第一家到这个地方居住的人发现并开辟出来的。古井开辟出来后，后人都可使用，且每年需要洗井，以

① 报告人：丁树清，报告时间：2015 年 10 月 6 日，报告地点：红河县三村乡三村村黑树林村。

保证水源的洁净，也代表对挖井人的敬重。此外，逢年过节还要到古井抢新水，用抢来的新水做饭菜进行祭祀。村子里的古井，虽然为第一家开村建寨的人所挖掘，但它由村庄共同维护，具有很强的共有属性。以红河黑树林丁家水井为例：

> 黑树林最先是我家来，我家来了之后杨家不是直接从外面搬来，是从塔普上面的杨家寨搬上来。当时来到黑树林，由于条件比较差，就随便盖了茅草房，盖了茅草房之后就在下面小学旁边那里修了水井，这个水井后来就称为“丁家水井”。我以前么是在外面当工人，2003 年的时候回来，乡委乡政府直接委派我负责建设黑树林的街道。路修好后，我就跟政府要了两吨水泥，小学那里也出了一点钱，最后我召集了老百姓修复水井。老百姓说是我召集来的资金水泥，但是干工要集体一起来干。所以后来一天就搞好了，直到现在都是保持着完美清洁。我们丁家井么，喜欢喝的就来喝了。丁家井是说历史上有人要在这里了，好好整下来的井。大年初一的时候来点一炷香、拿点锑钱来买水，买了之后么才能回去献饭呢。①

从丁家水井修建及重修的历史可以看出古井对于一个村落的重要性。古井是村落周边原生的水源地，为最先居住的人家所找到并修建，代表着第一家人在建寨时的优先性。但是，古井也属于整个村落的人共同使用，村民有共同修缮、管理的义务，村子里举行仪式性活动需要用水时必须使用古井的水。古井在很长一段时间内承担了给村民提供生产生活用水的功能，同时古井也有其他井不能替代的神圣性。

除了古井，在螺蛳寨、黑树林、田房、龙洞均可以看到其他的水源井。这些水井没有古井的神圣性，主要用来补给村庄的生活用水。其中，螺蛳寨、龙洞的水井是直接在原生的水源处修砌水源井。螺蛳寨有一口水源井，龙洞还有两口水源井。而黑树林与田房的水井则不同，他们的水井被称作“自来水水井”，其内涵指水源不直接来自于水井所在地。这种“自来水”与城市中由政府统一管理并铺设管道的“自来水”不同。这些自来水水井是随着三村乡的建

① 报告人：丁树清，报告时间：2015 年 10 月 6 日，报告地点：红河县三村乡三村村黑树林村。

立，通过政府的引导及帮助，在村庄修建小的蓄水池并从其他水源地引水过来而修建。黑树林的自来水水井的水源来自于海拔较高的白沙水井，共四口井；而梁子中下方的田房村，其水井的水源便是该村集资从上方的下达东村买来，共三口井。

与分属于各个村庄的水井不同，打洞梁子上有两口公众井，分别是“白沙水井”和“哑巴箐”。

白沙水井位于梁子顶部，据村民说：

> 它的水源头在解放初期是属于杨家的一片水源田的水源。杨家在下面现在的小学有一片田，那个水井的水就是供下面这片田。我们这条街子当时是一条草皮街，来这里赶集的人比较多。那里闹水，后来就挖了一个井。由于井底都是白色的沙子，所以就叫白沙水井。这口井建立的目的是原来四面八方来赶街的人都要喝水，来杀小猪买的人都要用水。①

哑巴箐位于下达东村下方，它的起源如下所说：

> 原先打洞的老白家在下达东这里居住，他家是哈尼族，其他的四姓么是汉族。后来老白家搬到了哑巴箐。哑巴箐当时有一个哑巴，是老柯家的人。当时老白家在那里种地，老柯家的哑巴死了之后么就埋在白家的园圃上，那里有一口井么就叫哑巴箐。老白家搬到达东后，那口井就废弃了。但是那里出来的水很好喝，以前老百姓从上面下到田房种田，路过哑巴箐都要在那里喝上一口水、休息一下。有些老人做活做了一辈子，等到临死了还想要喝一口哑巴箐的水。前几年有人出钱用水泥砌了一下，这几年又坏了，现在么就是哪个想去修理么哪个去一下。②

总体来说，两口公众井都源于曾经挖掘的水井，之后废弃使用，后因其可以满足人们对水的需求则重新得到重视。公众井由私人属性向集体属性转变，

① 报告人：丁树清，报告时间：2015年10月6日，报告地点：红河县三村乡三村村黑树林村。

② 报告人：王义德，报告时间：2015年1月16日，报告地点：红河县三村乡三村村塔普村。

这种属性超越了村庄，直接受益于每一个需要它的个人，也由每一个需要它的个人来参与管理。

二、坝塘

“坝塘”也就是水塘，打洞梁子有四个投入使用的坝塘都是中华人民共和国成立以后才逐步修建。可以说梁子上并没有专门修建坝塘的传统，人们巧妙地利用梯田的梯度解决了储水的问题。梯田的分布呈现一个坡度，最上方的梯田灌满水后，水可以自上而下流至最下方的梯田，灌溉农田时上田可以看做下田的水塘，因而专门修建的坝塘并不多。这四个坝塘的属性也不尽相同。

（一）螺蛳寨坝塘

螺蛳寨有两个坝塘都在寨子西北方，坝塘之间距离不远。一个在上方，一个在下方，上塘之水可以流至下塘，首先修建的是下塘。

> 下面那个水塘是1958年建设起来的。当时是我家叔叔段伟哲还有我家堂哥的爸爸段德明，他们去龙坝那边过春节。当时那边在建一个坝塘。他们回来之后跟螺蛳寨的老人说把水塘堵起来，对农田灌溉有多好多好么，他们就从龙坝那边学来了（修坝塘的经验）。那时候，吃饭不要钱，今天塔普那里忙么去塔普，明天螺蛳寨忙么就去螺蛳寨。所以么就是把附近所有的男女劳动力都请过来，把我们村子下面的小水塘堵起来修坝塘。塔普、打洞、扎么原来都是老乡么，他们都还来一起干过呢。[①]

1958年前后，螺蛳寨段家人看到修建水塘的优势，顺着土地改革、人民公社时期集体合作的优势，邀请各村劳动力来帮忙，便将水塘修建成功。修建水塘处本来就有一个出水口，曾经是螺蛳寨的老水井所在之地。为了修建水塘，重新在上方找到水源地建立水井。修建之后的水塘，通过储蓄山水、雨水便可灌溉螺蛳寨西北方半片山坡的水田。

① 报告人：段好福，报告时间：2015年10月12日，报告地点：红河县三村乡三村村螺蛳寨村。

看到了修坝塘的好处，1972 年前后，螺蛳寨又开挖了上塘，修建上塘的大致情况如下。

> 上面的那个水塘是 1972—1973 年的时候修建的，当时我家堂哥他们有头脑，就想起一个土办法。现在的中学门口那里以前有一丘田，那丘田在山顶上，下雨么就可以灌满，然后就把那丘田的水接过来。上塘开辟出来之后又重新挖下塘，后来设起挖水库的一个小组，两个水塘就好好地挖出来了。①

在实施家庭联产承包责任制之前，通常各村村民开挖的田地都在村子附近，并且村民们的田地相互连接，各村田地相互隔开。螺蛳寨很多人家的田地都集中在寨子下方上坡的东西两侧，当时村民们成立挖水库小组开辟出上塘并重新修缮下塘，使得上下塘相互连接。上塘修建之后水塘可以灌溉的区域涵盖面更加广阔，几乎可以覆盖螺蛳寨下方的大部分水田。两水塘沿用至今，上塘之水可以通过打洞大沟的水作为补给，上塘补给下塘，水塘补给梯田，灌溉便利。

（二）三村坝塘

三村坝塘位于打洞梁子最顶端，坝塘周围已被市场新村的水泥房所环绕，坝塘里常年有水，用来养鱼。虽然名为“三村坝塘”，却不具有公共属性。虽然该坝塘多次被政府规划作为乡镇街道建设的一部分，但是现在它实为一家人所有。

据说以前坝塘附近叫做“草皮街”，是人们交流信息聚会及贸易的地方。以前该地没有水塘，只有一个很小的出水口，后来慢慢形成了一个牛滚塘。黑树林的杨家人便把它挖成水塘，并在箐口的下方种田，水塘归属于杨家。② 但是 1958 年以后，杨家被划为“地主”，田地被收回。1968 年到 1976 年，当时实行“农业学大寨”，便在这里修建坝塘，试图将山顶的坡地改为台地、开荒种田。包产到户以后田地重新划分，这个水塘便划分给了朱家。1986 年黑树林工委入驻打洞梁子山头，这一区域逐步被规划为行政区域及市场等，土地被

① 报告人：段好福，报告时间：2015 年 10 月 12 日，报告地点：红河县三村乡三村卫生院。

② 按照当地逻辑，水流到哪家人的田里，水源就归属于这家人。

转为建筑用地及道路，水塘的灌溉作用消失，现在主要用来养鱼。

笔者曾针对三村坝塘灌溉作用的消失这一问题对三村村委会的张主任进行访谈。

问：三村坝塘现在还有用吗？

答：你说哪个坝塘？

问：就是天马酒店后面的那个坝塘。

答：哦，你不说我都差点忘记了。那个坝塘现在没有用了，他们在里面养鱼。现在三村上边完全是房子了，不种田了。

问：那如果坝塘的水满了或者要放水捞鱼怎么办？水放去哪里？

答：那些水么，流到墨江地去了。那个坝塘还是可以解决墨江地的一点用水呢。对我们红河这边么没有用了。

在访谈中，三村坝塘几乎被人遗忘。这种遗忘，恰恰突出了三村坝塘对于打洞梁子人生活的影响式微。坝塘的私有属性加之其灌溉作用对于三村人的失效，以及其位于梁子最顶部的特殊地理方位，使得三村坝塘逐渐淡出人们的视野。

（三）中学坝塘

中学坝塘位于三村中学门口东侧、螺蛳寨上方，为供给中学用水而修建，因此叫“中学坝塘”。三村中学在1993年开始办学，办学之初用水不便，四处寻找水源。三村中学的前任校长李老师告诉笔者：

> 要了解三村中学用水的历史，最好去中学后面的箐沟走一趟。以前学生、老师都在那里挑水，水源很小，只有一点点。现在那个水源已经被污染了，因为上面的生活用水、城镇垃圾排下来，受到污染了。中学大门的下方，以前有一丘田、出一点水，我们三村中学给他们老百姓一点补助，把田砌起来用水，但是那个水也很小，现在也已经变成臭水塘了。①

中学坝塘的历史有二三十年，坝塘的历史变迁可以直接反映出梁子顶部的变化。20世纪90年代以前，这里有一个小的出水口，螺蛳寨有一户段家人利

① 报告人：李皮陆，报告时间：2015年10月18日，报告地点：红河县三村乡三村中学。

用该水源开荒种田，并且用砖头修建一口小水井。当时附近还是一片荒山，市场刚刚成立，赶集时人们聚于此地，但鲜有定居的人。1987 年墨江工委成立，1988 年以后民族工作队驻扎梁子上方制定“团结、稳定、建设、发展”的方针，三村乡的行政中心转移至此，逐步建立小学、中学、乡政府、卫生院等机构，并且建立农贸中心等。中学的建立，使得用水增加。水利设施不完善，学校只得四处寻找水源解决用水问题，中学门口的水田便在这一时期被砌成了坝塘。但是，随着市场新区的发展人口增多，导致生活污水也增多。中学坝塘位于市场新区下方，新区的污水往下排放逐渐汇集到了坝塘中，使得坝塘受到污染。据说，几年前坝塘曾被承包给别人养鱼，但是这两年以来，坝塘里积满了污水、垃圾等，中学坝塘已经变成了一个问题。

三、水沟

（一）打洞大沟

在黑树林地区有一条河叫洛西河，其源头在墨江县娘埔村后约一公里处的拇指山，有左右二箐在山脚相汇，山形笔直耸立，似拇指，故得名。之下的河流称为拉玛小河（洛西河），约 40 公里后汇入坝兰河，坝兰河汇入泗南江，泗南江汇入李仙河，最后汇入红河。打洞大沟的水源在娘埔村后山拉玛小河左右箐相汇之处，沟头设在洛西河上游，全长 14.3 公里，其中只有 500 米在红河县三村乡境内，其余 13.8 公里全在墨江县龙坝镇勐里、竜宾两行政村境内，主要为打洞梁子使用，每年二月至六月为枯水期，七月至次年一月为丰水期。如图 8–1 所示，图中标记为“1”的地方是洛西河与打洞大沟的水源头，称作拉玛小箐。一级水源自上而下流，汇成标记为“2”的洛西河，为打洞大沟的二级水源。打洞大沟从洛西河上游引水，标记为“3”的沟身几乎都在墨江地界，是打洞梁子农田的三级水源。沟水达到打洞梁子，被几个大的分水口分流，形成标记为“4”的四级水源。四级水源为一个或几个自然村共享，沟水要不断被分流，形成几家人共享的标记为“5”的五级水源。水源分流得越细致，随着水的产权越来越明确。打洞大沟从四级水源开始不断被细化分类，人们直接在塔普村头第一个大的分水口处竖了一座“打洞大沟纪念碑”，梁子人每年都会在此举行祭沟仪式。

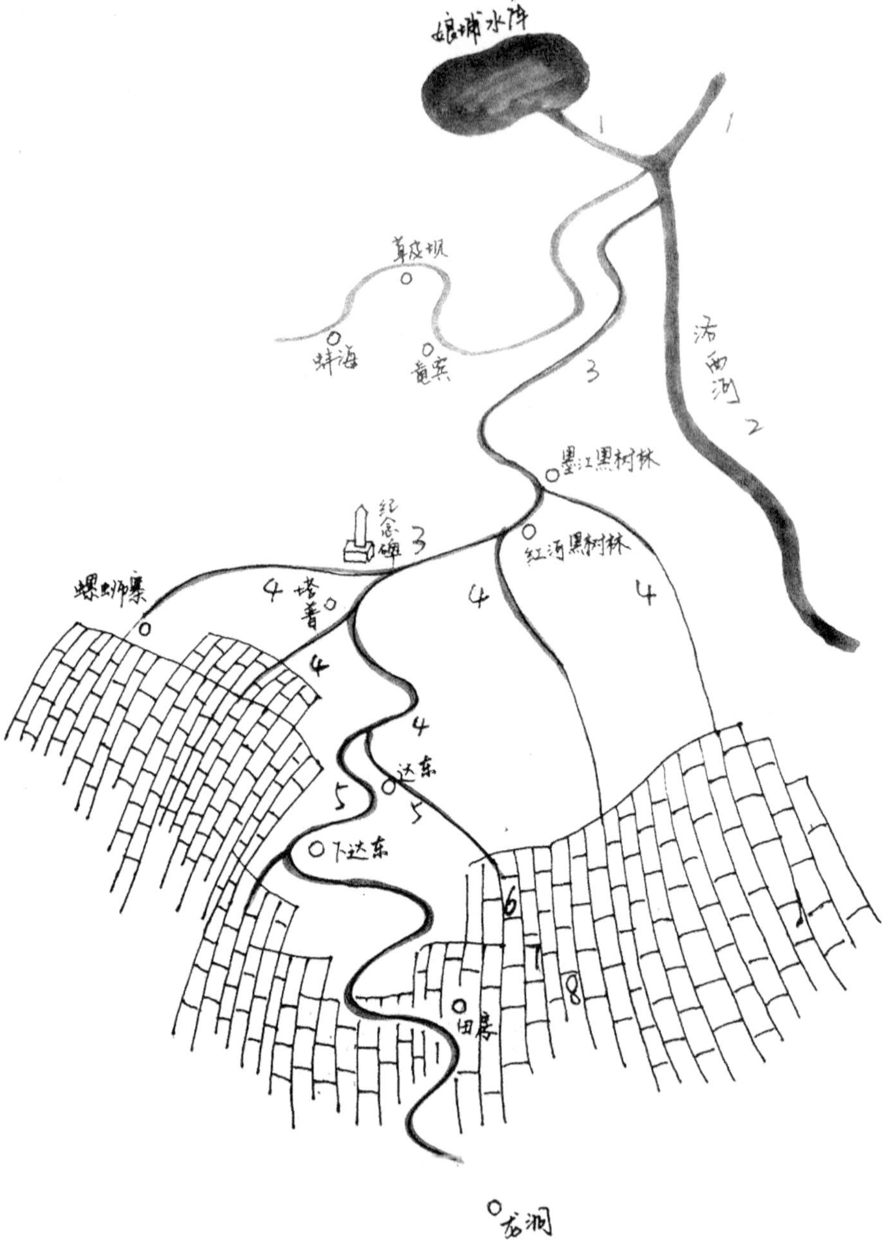

图 8–1　黑树林地区灌溉水域图 [①]

① 此图为云南民族大学民族研究所 2014 级硕士刘虹绘制，在此表示感谢。

打洞梁子上的打洞大沟纪念碑记录了打洞大沟的历史，石碑北面的《执照》记录了打洞大沟水源买卖的契约及其后人对契约的公证，碑文从放置在三村村委会的石碑上抄过来，内容如下。

执　照[①]

署元江直隶州正堂加三级六次欧阳 为肯恩详情赏照便民开垦事

嘉庆七年三月二十九日，因远巡检详据惠远里打洞村民罗仲德、舒史厄、段厄鲁、杨聚云、王二保，司存杨德亮、李阿得、李安登登禀称：窃小的罗仲德父罗相文前备买银四百两买得他郎属之猛里村周者得等娘铺元属交界有水源一处，开沟引水至打洞山坡以资恳田。因前父开沟一道历年以久，旧沟多有崩塌，沟水一路渗漏散流，小的等现于旧沟之下另开新沟一道接上沟渗漏之水。穿山过岩约长三十余里，水到打洞荒山可以开垦田亩，将来水到之处田亩果能开成，小的情愿报垦陞科伏乞仁恩，据情转详恳请赏发执照承领，以便遵照开垦，顶沐高厚无既等情，据此。

当今本州批因远巡检再行确勘具报，去后兹据该巡检申称，复勘得罗仲德等报新沟一道系接旧沟渗漏之水，沟头至沟尾约长三十余里，皆系山坡附近，打洞村东至落谢村与他郎厅属之落谢村河止；西至扎磨冲扎磨村河止；南至爹都凹与壩郎村河止；北至于蚌海村接界顺大路至窝克昂止。查明四至界址，实无干碍卢墓，并取得具地临，甘结另绘图说，申请给照开垦前来，既据该巡检勘明属实，图结存案外合行给照，此照给罗仲德、段厄鲁、舒史厄、杨聚云、王二，司存李阿得、杨德亮、李安登，遵照新开沟道四至界止，踊躍开挖以资垦田。一后开垦成熟即报垦陞科，毋得越界侵占，致滋讼端。如有混开四至侵占临近，小的等弊一经查出重究不贷，各宜凛遵毋违须至执照者。

右照给杨聚云、舒史厄、罗仲德、段厄鲁、王二保

司存杨德亮、李阿得、李安登。

准此

嘉庆七年六月　　日　给　　直隶州　　限　　日徼

① 打洞梁子纪念碑碑文，云南民族大学2013级民族学专业研究生张落整理，笔者断句。

立卖水源地界：立约人周者得、宗枝埔、李三隆系猛里娘埔二村居住，为因打洞村人跟尾得娘铺水源二箐，打洞荒山无能开成田亩，二寨公同商议情愿立约卖到打洞村罗相文、杨运初、罗仲德名下，实买得价纹银四百两整，入手应用自费，之后随任打洞村众人开放随挖，并无威逼等情，日后别寨不得异言，倘有异言二寨一力承担。此系二比情愿，恐后无凭，立此卖契文约为据。

代字人　张亮功　　过付人　陈牙常　　凭中人 陈阿受

乾隆十六年八月十二日　立卖水源契约人　周者得　宗枝铺　李三隆

抄刻于民国三年五月二十九日　公立碑　公元一九九七年三月　大吉

这份执照共记录了两件事情。一是罗相文买水的契约，从契约中可知打洞梁子曾是较为荒芜的山野，当时梁子上水源并不丰富，开田受到局限。当地有名叫“跟尾”的人从墨江县猛里、娘埔二村买得二箐水源但并未开沟成功，湖南商人罗相文等人迁居此地买得水源并取得开沟权。二是罗仲德等人恳请因远巡检颁给打洞大沟的执照。这份执照中记录了打洞大沟的长度及东西南北四至，承认了打洞大沟的合法性。碑文中提到当时水源地位于元江与他郎交界处的娘埔村后。这个模糊的交界处，为打洞大沟的第一次争议埋下伏笔。

光绪十六年（1890）竜宾大沟开通，水源都来自于娘埔村后的洛西河上游，两条大沟水源口上下相差不到一公里，竜宾大沟水源在上。每到三四月份，农忙期用水较多时，两条沟同时用水，上方的竜宾大沟将水源拦截，打洞大沟就无法使用。加之竜宾大沟修通后没有抛荒便直接使用，导致雨季时水沟便漏水、坍塌。不仅竜宾大沟使用困难，上沟的泥水、枯枝也易冲积到下沟，使得打洞大沟时常堵塞。因此，竜宾大沟的修建影响到了两条大沟灌溉区域的用水，致使两边的田地都抛荒。按照打洞梁子的逻辑，水沟灌溉谁家的水田，其水源便属于谁家。打洞大沟水源已经被买断用来灌溉打洞梁子的水田，因此打洞大沟沟头的水源应该由打洞人管辖。但竜宾人坚持认为两沟水源都在墨江地界，水源地该由墨江人自己管辖。由于双方无法调节，只得告官。段家的段文德作为达东村的代理人，由全村村民资助其到普洱、昆明告官，据说一去就去了三年。光绪三十三年（1907），他把当时他郎的通判——陆大老爷请来做了判决，这个判决被刻在了打洞大沟纪念碑的南面，判文如下。

光绪三十三年三月三十六日堂判陆大老爷[1]

俱据罗公讳淑炳、字相文，系湖广武昌兴国州朝阳里中罗村南房人氏，生于雍正甲辰年十一月十一日辰时，父柏忠母吴氏。雁行三人，弟淑焕、淑灼自乾隆辛未年入滇，至元江择配室人张氏，生儿子，长子仲德、次子仲春，次娶刀氏生三子，三子仲友、四子仲学、五子仲成。公于二十六年贸易入打洞村中，伙头为公曰：予处山荒尽可开田，有买得娘铺箐水沟一条，缺少工本，前开过几次。细问缘由，公向猛里村买地开沟，自备工本，不惜拮据之劳将水开入打洞村境内。众人向公买水，公向夷人买地各自开挖成田，即年幸蒙告竣。噫公城不惜艰辛，也予二十八年报明尹府，三十八年又报明州主宋升科请照存案，于乾隆四十一年钦奉上谕，案内滇省概免升科结照，官业开垦耕种。迄今，各村得食其田，子孙得守其择，求志于余礼也，而志之曰：昂匕之躬谦，匕之容，处山岭，福亦优隆。

他郎娘铺村后之水，其发源以循流均系厅治，方曾经前年在厅任时，督同绅民亲自复勘，确鉴可信。而从前打洞村民妄称为源出自州、流经厅境，良有耳食，未曾目亲，以致执谬以讼未休。若再听其迁延，两境民人均属留患，何益之有？查此水，源流虽皆在他郎境，而实于乾隆年间厅民受遭，州民银两出售沟尾，有乾隆年间厅发契，以及嘉庆年间执照，均可为凭。州民因不得水而又羡慕绅孙开垦，是以心有不平，被人刁唻，遂彼此赴普、赴省互相上控，历任厅州又未能躬诣其地，亲自察看，无或乎缠讼多年也。兹本署州体念两境民人，乘公酌度，归令两境各收各沟，认真培修沟道，苟要阻隔，无论水多少断无水不下流之理。惟每天干之时，仍恐不无争竞，可于娘铺村后大坝之处修改石闸，立一水牌将水分开，以一箐从右归入上沟即沟头之沟，听凭朗民引开溉；以一箐从左首归入河以达下之沟即沟。

判文回顾了罗相文的生平、买水的契约、执照公证等，阐明了打洞沟水源出自他郎厅而非元江直隶州。经由陆大老爷判决之后，洛西河源头的左右箐被

① 打洞梁子纪念碑碑文，云南民族大学民族研究所嘉日姆几整理。

分为两沟的水源头，右箐为竜宾大沟的水源头，左箐为打洞大沟的水源头。自此以后，打洞大沟一直保持通畅，并且形成了一套系统的“木刻分水”制度，即将沟水按照木头所刻宽度分为不同大小的支流。这项制度一直沿用到1980年实行家庭联产承包责任制前后。打洞大沟纪念碑西面记录了木刻分水时期的各分水口的水量。

分水表 ①

黑树林	0.05尺	下弄八八波	0.2尺
高埂田	0.44尺	学校田	0.2尺
螺蛳寨	1.67尺	明洞田	0.1尺
塔埔田	0.53尺	学校田	0.2尺
自杂哈垤	0.2尺	从遮从哈	0.64尺
老苏寨	0.2尺	老罗大田	0.2尺
下达洞	1.07尺	者洞田	0.2尺
哑巴寨	0.05尺	弄纠田	0.2尺
里干田	0.56尺	老杨大田	0.16尺
普玛普摆	0.05尺	窝子田	0.2尺
直哈田	0.2尺	思栗林	0.4尺
披尼别哈	0.08尺	阿咪河厄	0.2尺
啊规规波	0.3尺	围山田	0.05尺
弄八八波	0.2尺	墨江黑树林	0.16尺
冬瓜林	0.15尺		

共计8.86尺

这块纪念碑上的分水表上共记载了当地29处田的名字及其分水口的尺寸大小。打洞大沟的水顺着分水口流入不同的田里，再从这些田流入更下方的次级梯田，形成一个较为完整的灌溉体系。这些分水口的尺寸是1997年准备竖立纪念碑之前，经过打洞梁子老人们的回忆而记录下来的。事实上1980年包产到户以后，“木刻分水”的制度已经转变为“四大份”的分水制度。时隔十多年，老人们仍然记得层级分水口的水量，可见水沟梁子上占有重要地位。

三村乡成立以后，逐步对打洞大沟进行改造。将墨江地段的水沟加固为“单面光”，即只有一面是水泥做成的，其他面是由泥土垒成。进入村寨后，水沟加固为“三面光”，即沟的左、右、下三面均为水泥，以保证沟水流淌通畅。此外，还包括三个附属的小工程：第一种为泄洪口，一般设在沟渠所流经的

① 打洞梁子纪念碑碑文，笔者整理。

地质较硬且少有农田的地方，避免了因泄洪处地质较软而引起的塌方、损害沟渠，同时也保护了农田。第二种为分水口，即水沟流经每个村寨时按照传统习惯，需根据曾经木刻分水时候的分水口大小预留一个分水口，但实际上已不按分水口大小分水。第三种为引水桥，由于大沟跨越几座山，这个过程中会遇到山上自然流出的水沟，这些水流会将山里的枯枝败叶冲到沟里造成堵塞，山水流到沟中还会冲击沟面。因此，当地人用水泥垒成类似石拱桥的桥段，将自然水跨过沟引到沟下面，防止沟水堵塞或沟体遭到破坏。引水沟旁边往往设有两个泄洪口，起到自动的调节沟水位的作用，且防止了堵塞和自然泄洪，所以引水桥两旁时常会伴随着两个泄洪口。事实上，政府对于水沟的改造都是根据打洞大沟原本的形态进行加固，大沟的设计深刻体现出了当地人的智慧。

（二）小沟

打洞大沟的沟水虽然灌溉范围广阔，但是无法流经所有人家的水田。由于包产到户时是通过抽签决定农田的分配，梁子上很多人家都抽到了一些偏远的水田，这些水田只能用其他水源灌溉。以达东村的水田为例，该村大部分水田位于田房，这些水田可以利用打洞大沟的沟水进行灌溉。但是还有一些田位于龙洞及大梁子下寨。大概有七家人的水田位于龙洞，水源主要来自两个地方：一是龙洞村三个出水量较大的出水口；二是龙洞村下方一条很小的龙洞河。约有十几户人家的水田位于大梁子下寨，水源来自于梅垤河。这些人家通常是相互合作共同开挖小沟，将水源地的水引到田里。小沟与大沟的区别如下。

> 梅垤河用的是洛西河的水，老苏寨有十多家的田在那里，这十多家的人就一起修了一条小沟引水入田，修沟的时候政府赞助了一点炸药。这条沟仅供这十几户人家的田使用，梅垤人自己的田也有自己的沟。自己修的这条小沟是很简单的，随便弄的；而打洞大沟有几十公里，是老人拼命换来呢。[①]

从当地人的讲述中，可知小沟灌溉的田地面积较小、修建的时间较短、涉及的家户较少，人们对打洞大沟的态度与对小沟的态度不同。小沟发挥了一定

① 报告人：苏正甲，报告时间：2015 年 1 月 8 日，报告地点：红河县三村乡三村村达东村。

的灌溉作用，表明了村民对于水的依赖；而大沟承载了三村人的集体记忆与集体情感。①

四、水库

1987年，云南省政府在黑树林地区成立了黑树林地区工委，将该区域重新划分了一个政治专区进行管辖。由于黑树林地区争议的核心问题就是缺水，工委成立后开始计划修建娘埔水库。

以前娘埔水库么叫做“二五水库”，“二五”么是我们哈尼话，就是水源的意思。后来墨江人不同意，说这个名字会引起混淆，给人家以为这是红河三村的水源。水库修在娘埔那里，所以就叫做“娘埔水库”。工委的时候，说好娘埔水库的水30%给孟里村委会（娘埔村）使用，30%给竜宾村委会使用，30%给我们三村村委会使用，剩下的10%给这个山头的工委使用，一年后工委就撤销了，但是娘埔水库还是修建起来了。②

1988年黑树林工委撤销以后，当时的工委主任李开放向云南省政府建议在黑树林地区驻扎省级工作队。于是，云南省民委于1988年11月7日成立民族工作队并于11月14日进驻黑树林地区。自1988年至2000年，民族工作队在云南省政府的支持下把注意力主要集中到进行经济建设上，在当地实施综合扶贫方案开始修路、通电、通水、通电视、建医院、建学校等，同时把当地的干部调到省里进行培训并派到西双版纳、香格里拉等地方去学习当地的团结建设工作经验。这一时期内，黑树林地区得到快速发展。1993年娘埔水库建成并投入使用，该水库也被称为“政治坝、经济坝”。其设计的最大蓄水量为153万立方米，实际可蓄水160万立方米，每年用水量约为140万立方米，解决了龙坝乡、三村乡3000多亩的水田的灌溉问题。③此后，当地关于水的问题

① 杨六金等一些学者将哈尼族地区的水沟分为“公沟”“私沟”，这种“公沟”所对应的正是笔者田野点里的大沟，“私沟”对应了小沟。相关文献，例如：杨六金、王亚军：《哈尼族沟渠文化研究——以红河哀牢山区坐落村为例》，载《云南社会科学》，2011（6）。

② 报告人：段好福，报告时间：2015年1月13日，报告地点：红河县三村乡三村村螺蛳寨村。

③ 报告人：李某，报告时间：2015年10月17日，报告地点：墨江县龙坝乡娘埔水库管理者。

逐渐减少，目前仅有一名李姓的管理人员负责管理。

娘埔水库虽然距离打洞梁子十几公里，但水库的修建解决了打洞大沟水源补给的问题，对于打洞梁子十分重要。如果打洞大沟缺水，当地人只需联系娘埔水库的管理者，管理者经过墨江县税务局同意之后便可放水。但是，由于娘埔水库从规划到使用，经历了三次行政变革，娘埔水库的使用权模糊，为新的争议埋下了隐患。

五、水管

民族工作队驻扎到黑树林之后，开始在打洞梁子顶部建立三村乡集镇。建立初期，乡政府将白沙水井砌成水池，供应山头用水。但是，随着政府单位、中小学、卫生院及农贸市场等的建立，三村乡集镇的饮用水出现困难。20世纪90年代初，乡政府投资在其上方修建蓄水池并在山头铺设自来水管道，从附近观音山上的扒龙村引水过来以供山头使用。之后，逐步与打洞梁子各村协商，由村民们投工投劳、乡政府出资，又从扎拉村修建一条自来水管道，并且这些管道铺设到了打洞梁子除田房、龙洞以外的各个自然村。这些水既是水源地的饮用水与灌溉用水，又是打洞梁子的自来水。由于黑树林地区二至六月总体属于枯水期，每年三至六月又是农忙时节，为了保证水源地的饮用水与灌溉用水，打洞梁子的自来水便时常供应不上。2014年，乡政府与者洞村协商后又从该村拉来一条自来水管道，然而仍然不能满足梁子上对于自来水的需求，有些自来水管道几乎形同虚设。

三村乡政府将自来水的管理承包到了个人。现在的管理者是下达东村人，从2007年开始承包，已经管理了七八年。他的主要工作是维修水管及收水费，一方水收一块钱水费。所收到的水费除了对水管日常的修补完善之外，需要交给乡政府3000元，交给水源地2400元，剩下的属于承包者。政府所收费用是用来补助修建自来水管后水源田直接遭到破坏的农户。管理自来水的苏正甲告诉笔者：

我管理自来水赚不了多少钱，村子里很多人家都舍不得用自来水，洗衣服之类的都到沟里洗，一年到头平均一家也喝不到二十七八块。自来水到三四月份还是不够吃，要用车子去别处拉来吃，比如去龙坝、南大等地方。上面中学年年都要用车去拉水来吃，一个大油罐车拉一车水两三块钱。有些村民也去拉水，拉来的水一家分一点吃。①

对于苏正甲眼里的“舍不得用水”，螺蛳寨的段好福这样解释：

我们的自来水么要首先保证那些单位、学校、卫生院的用水。这几年用水的人越来越多么，现在已经是10月份，按理不缺水了，但是我们的水龙头还是放不出水，现在连太阳能都不敢用，可以说是不敢用水。②

对比“舍不得用水”与“不敢用水”，两人都说出了打洞梁子用水的现状：缺乏自来水（或者说饮用水与生活用水）。“舍不得用水”指的是虽然有了自来水，人们还是不全部使用自来水解决用水问题；而“不敢用水”是指人们知道自来水可以解决问题但是担心没有可以使用的自来水。可以说，自来水的引入使得人们对水的使用分类更加精细化，将水分为了用来喝的水、洗东西的水、太阳能的水等。然而，自来水的供给往往不能保障，它刺激了人们的需求却无法满足人们的需求，使得这种需求更加强烈，缺水的意识也就更加强化。

六、小结

本节提出“复数的水”这一概念，并对打洞梁子复数的水进行具体描述，以此说明“复数的水”的内涵。通过本节描述可知，打洞梁子的水利系统由不同形态的水组成，水井、水塘、水沟、水库与自来水管相互联结、补给。例如：水库可以补给沟水，水塘可以储存沟水、污水，水井与自来水可以提供生产生活用水、产生污水，污水可以排至水塘、水沟作为肥料，清洁的沟水、井水又可用作自来水，它们相互补给并发挥着各自的功能。随着社会的发展，水被不断分化成多种形态、多种功能，人们用水方式的精细化增加了水的复数性。同时，这些复数的水又形成了整体的水利系统，体现了社会网络的整体性。

① 报告人：苏正甲，报告时间：2015年1月13日，报告地点：红河县三村乡三村村下达东村。

② 报告人：段好福，报告时间：2015年10月16日，报告地点：红河县三村乡三村村螺蛳寨村。

第三节　复数的水与社会空间的对应

2015 年 10 月中旬，笔者在三村村委会查找资料时无意中翻看到了一张螺蛳寨关于“十月年”举行篮球运动会的请示，全文如下。

三村乡人民政府：

红河县三村乡三村村委会螺蛳寨村民小组，现有 119 户，565 人，纯属哈尼族村寨，为加强民族团结，活跃节日气氛，促进本地区的长治久安，经螺蛳寨村民小组研究，决定于 2015 年“哈尼十月”年在黑树林球场举行篮球运动会，共有 8 支代表队参赛，分别为：田龙队、达东队、塔普队、黑树林队、大梁子上下寨队、螺蛳寨队。墨江县龙坝镇：大乜多村队、竜宾村队。请乡人民政府给与审批，并给予一定资金支持。

以上报为否

请批示。

螺蛳寨村民小组①

这份请示书虽然只有短短两百字左右，所传递出来的信息却给了笔者很大的触动。首先，笔者是在三村村委会看到这份请示书，但是请示书的称呼人是“三村乡政府”，也就是说这是一个自然村通过村委会打算上交到乡政府的请示书。其次，请示书中明确说明了举行篮球比赛的 8 支队伍，这 8 支队伍不仅包含了三村村委会的 9 个自然村，也包括了与三村毗邻的墨江县龙坝乡的 2 个自然村。第三，该请示书由螺蛳寨人所写，并非三村村委会共同书写，其他自然村也没有类似的请示书。如果在这三条隐含的信息后面都加一个“为什么”，大概便可理解这条梁子上人们的行为逻辑。而这些信息都将笔者指向同一个问题，即：打洞梁子的人如何理解村落及村落的关系以及不同的层级关

① 资料来源于三村村委会。

系？也就是，打洞梁子的社会空间情况。

王铭铭在《“水利社会”的类型》一文中写到：“研究水利与社会之间的关系，先要确认这种流动的物质是农业社会的核心资源。在中国社会中，试图把握这种资源的势力种类很多，大到朝廷，小到农村村落社区以至家庭，而这些势力的实体在历史的过程中，通常又要因争夺这一核心资源而展开斗争。斗争的结果，有时是社会依据利益产生分化，有时是社会依据利益形成结合。”[①] 而笔者这一节将讲述的正是打洞梁子不同层次的社会空间因不同种类的水而分分合合的故事。

一、井与村庄

水井对于一个村庄十分重要，没有建立水井便无法形成一个村落。只有建立水井，解决人们的饮水问题，才可能长期居住在这个地方。因而，建寨建井、村民皆可使用水井成为了打洞梁子村民的一种伦理观念。打洞梁子因为缺水在历史上产生了多起水利纠纷，但是与水井有关的纠纷却不常见。偶尔出现争井的情况，主要源自水井产权不清晰。下文将通过两个案例分析说明水井产权不清晰的原因。

案例一：塔普村与黑树林村曾经对白沙水井的归属权产生争议。白沙水井最初为黑树林村的杨家人所挖，井水主要用来灌溉杨家的几丘小田。当时这口井只是杨家水田的水源，人们默认该水源为杨家私人财产。随着人口的发展，杨家有一部分人口从黑树林村搬至塔普村居住，白沙水井所灌溉的几丘水田也分给了搬至塔普居住的杨家人。20世纪80年代以后，该水源因为常年渗水，影响交通，政府出资将其修砌成一口水井。随后几年，杨家的水田被三村小学征用建立篮球场，白沙水井灌溉农田的作用消失。但是近几年打洞梁子缺乏生活用水，塔普村人想使用白沙水井的水源，却引来了黑树林村民的反对。塔普村民认为白沙水井曾经是该村村民水田的水源头，如今虽然农田被征用，水源却理应属于塔普人。而黑树林村民认为白沙水井本来就

① 王铭铭：《“水利社会”的类型》，载《读书》，2004（11）。

位于黑树林地界，且杨家人原本就是黑树林村民，因此水井应该为黑树林村使用。

通过两村对于白沙水井的争议，可以看出水井与水田源头的差异。水井通常是在自然出水的地方开挖而成，但普通的水源不同。某一地方自然流淌的水源，被引至属于私人财产的水田中作为灌溉用水使用时，这种水田的源头便是各家私有。然而，当水源被开挖出来成为水井时，就不仅仅属于挖井的人，也属于共同饮用井水的人。而在打洞梁子上，如果询问当地人水井在哪里时，他们回答的句式均为“我们村子的水井在……”这样的回答透露出一条信息：即在当地人的观念中水井属于一个村集体。因而，当白沙水井修砌起来成为饮用水水井后，村民便不仅仅把水井视作“老杨家的水”，也把水井看成是“集体的水”。问题在于，曾经居住在黑树林的老杨家，有一部分后来又搬到了塔普村。其水源为居住在黑树林村的杨家祖先开挖，水田却属于塔普村的杨家人。所以，当两村缺乏饮用水时，两村村民都认为自己可以使用白沙水井。

另一个关于水源的纠纷，也与案例一相似。

案例二：下达东村的村子下方的哑巴箐，原是柯家水田的灌溉水源。柯家当时有一个哑巴，无妻无子，死后他的田便抛荒、水井也无人打理。之后这口井的水一直被作为达东村老水田[①]的灌溉水源使用。后来该村杨姓人家在老水田下方开得几丘小田，哑巴箐的水也可下渗到那几丘小田里去。2014 年，田房村饮用水出现困难，便与杨家人商量购买其水源田的水，将他家的水田围起来作为田房村的饮用水使用。田房村各家户拼钱，花费 2600 元跟杨家买得水源。但是，下达东村村民便开始对这家人有意见，认为他家的田使用了哑巴箐的水，而老柯家丢弃哑巴箐之后，哑巴箐应该属于整个村集体所有，所以 2600 元买水钱应该由村集体共同使用。

在案例二中，同样出现了灌溉水源向饮用水井转化的问题。哑巴箐作为老柯家的灌溉水源时，水源只属于柯家人使用。而当无人继承该水田后，哑巴箐失去了原来的主人，被用来灌溉属于村集体的老水田。由于地下水本身就是连

① 老水田即属于村集体的公有田。

通的，杨家人在老水田下方开得几丘小田，上方的水源便流至这些田里。当这些水作为杨家人的灌溉用水被使用时，人们对此并无太多异议。然而，当田房人试图从水田里买水时，这些水开始被人们理解成为了饮用水水井的源头，也便被村民们赋予了一种集体性。人们默认老柯家遗留下来的哑巴箐为村庄共有的财产，认为哑巴箐流出来的水也该属于村集体。因而，当田房村人把买水钱交到杨家人的手里时，下达东村的村民便认为杨家人利用公共财产做了私人买卖，从而引起了争议。

通过这两个特殊的水井案例可以看出，在打洞梁子上水井代表的就是一个村庄。水井最初由某一家开辟，这家人对于水井有优先使用权，同时水井又属于村庄里的各家各户，使用水井的权利与义务也分属于整个村庄每家每户。

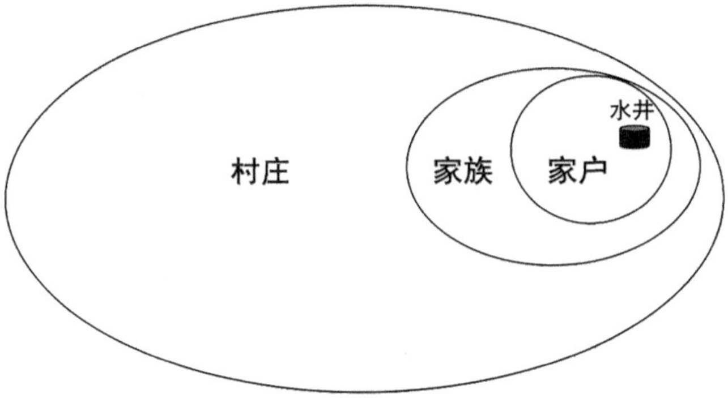

图 8–2　古井与村落各级组织群体的关系

对于水井的使用权可以分为两种，一是满足生产生活用水；二是满足仪式用水。生产生活用水指村庄里任何人都可以使用井水烧水做饭、洗衣洗澡等；而仪式用水主要指整个村庄共同举行仪式庆典时，都要到村子里的古井打水，并用这些神圣之水做饭后才能进行祭祀活动。对于水井的义务主要是修缮、清洁。如需修缮，则须各家户拼钱并请其中一家出劳动力；如需清洁，则有村子里的年轻小伙主动承担。

总体来说，古井所对应的是一个村庄。如图 8–2 所示，水井属于村落集体，也属于村落里的每个家户的每个个体。最先开挖水井的人可以使得这个家族优先使用水井，并且享受开井所带来的荣耀象征。同时，村庄里每一个人都可以使用水井，各家户通过对使用水井的义务与权利，明确了自己在村庄生活的“合法性”。因此可以说水井对应了整个村落的关系网络，村落既是一个整体又包含了村子里的每个家族，家族里的每个个体。这些个人分属于每个家户，每个家户又属于村子里的各个家族，家族与家族之间也往往通过联姻、共同开挖小沟[①]满足小团体的灌溉等方式进行合作，壮大家族间的实力。马翀炜曾以哈尼族村寨研究的个案，提出了中国西南少数民族地区具有一种“村寨主义社会”的模式。他认为“在哈尼族的村寨社会中，血缘关系也很重要，但基于地缘关系而发展起来的以村寨利益为最高利益的村寨空间关系有可能成为凝聚地方社会的主要纽带而更加重要。”[②]古井之于村庄的重要性，正是体现了一个村寨因地缘聚合而成的整体性以及家族在一定地缘中的优先性。

二、沟与梁子

由于打洞梁子的沟水来之不易，人们对于大沟十分重视，并加强管理。从1984年开始，三村村委会主张将打洞大沟“木刻分水”制度改为“四大份”分水制度。以前的木刻分水是根据打洞大沟所能灌溉水田的面积多少来估算，根据大家的协商，规定每丘田能够分到多少水。按照大沟流经的先后顺序在大沟进入不同村庄、不同层级梯田的分界处设置一个横木并在横木上面刻出田里应该得到的水量刻定，让沟水通过木刻凹口流进田里，以此来保证分水公平。木刻的宽窄与灌溉梯田的面积有关。木刻分水所带来的问题是：缺水的时候，梁子上方的田或许还能用到水，但沟水流到梁子下方就越来越少了，有时候甚至断流。20世纪80年代开始了“四大份”分水方案，缺水的时候按照时间来分水，基本解决了因为自然条件而导致的上游有水下游缺水的弊端。

四大份主要是根据木刻分水传统，结合村庄的上下分布顺序、村庄家户数量以及他们的田所用打洞大沟的水量，将整个打洞梁子上的八个自然村分为了四大份。四大份及各村寨所占各大份份额情况见前文表2–1。

---

① 小沟的沟头往往也叫“厄得”，即水井，但没有古井所象征的神圣性。

② 马翀炜：《村寨主义的实证及意义：哈尼族的个案研究》，载《开放时代》，2016（1）。

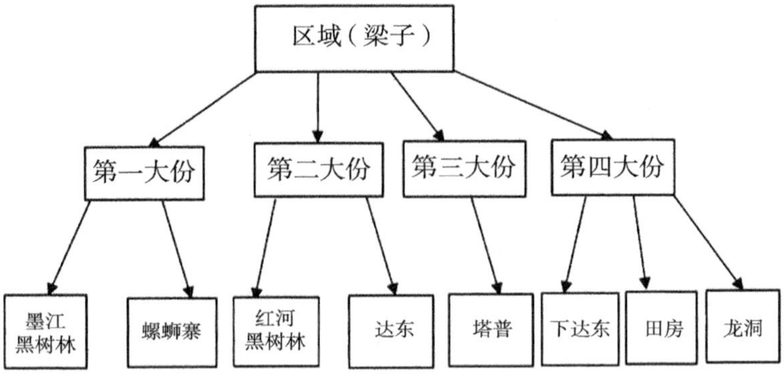

图 8–3 “四大份”的结构示意图

虽然从井所对应的村庄，可以看出梁子上各个自然村落自成一体，但是这些村落通过打洞大沟的沟水被联系在一起。总体来说，从形态上看，打洞大沟自上而下串联起了整条梁子；而从村落空间来看，如图 8–3 所示，对于打洞大沟的管理方式，自下而上将村庄整合为“份”，进而将“四大份”整合成了秩序井然的水利灌溉共同体。①

三、水库与黑树林地区

娘埔水库的修建和打洞大沟与竜宾大沟之间的争议分不开，而打洞大沟与竜宾大沟的争议皆因为二者都需要用到娘埔村背后拉玛小河的水源。打洞梁子在民国以前皆属于元江直隶州管辖，当时拉玛小箐处于元江直隶州与他郎厅（墨江县）的交界处，打洞梁子的人们认为其大沟沟头水源位于元江地界。而与打洞梁子毗邻的他郎厅竜宾村村民看到打洞大沟的效益之后，也从打洞大沟沟头上方开辟一条竜宾大沟，并认为水源头处于他郎厅，理应由他郎人自由使用。于是两沟相互影响，上沟用水堵下沟，下沟用水堵上沟，引起争议。后经他郎厅通判判决，认定沟头水源属于他郎厅，但打洞人在历史上曾与娘埔人买得水源，因而将拉玛小河的左右箐分别判给打洞、竜宾两边。判决后，打洞大

① 水沟之于整条梁子的联系性，与婚姻、市场不同。婚姻、市场所建立的联系往往是不均衡的分布，参与市场圈与婚姻圈的人具有主观性，而梁子上下几乎各家户都需要灌溉农田，因此水的问题确实关系到了整条梁子，因而通过水来看村落空间的层次具有合理性。

沟一直通畅，但是竜宾大沟一度断流。1958 年土地改革以后，竜宾人开始请求政府同意，重新修通水沟。水沟修通后，两边水源争议复发。1980 年以后开始实行家庭联产承包责任制，人们开田、种田的积极性提高，用水需求自然增加。娘埔水库便是在从黑树林工委到民族工作队驻扎三村的时期修建并投入使用。

水库的修建基本上解决了两条大沟的水源问题。可以说，水库的修建是黑树林地区实体化的一个表征，黑树林地区自此成为一个官方的概念。这个概念既承认了红、墨两县的行政边界，政府对其治理的手段又打破了行政边界，适应了一种当地人民间的空间观念。这种当地人的空间观是：打洞人与竜宾人处于不同的县份，但是两地山水相连，有共同的地域神——观音山[①]，有共同的祭祀活动——祭阴宾[②]，两地处于同一意义体系之内。正因为打洞人与竜宾人处于同一意义体系：二者地理位置犬齿交错、海拔高低相似、气候环境相近、民间往来频繁、文化相近且都需要娘埔村后的水源，所以打洞人与竜宾人才有产生纠纷的可能性。这种纠纷，除了争夺自然资源以外，也是争夺象征资源的体现。

虽然水库的修建解决了沟水问题，但是也带来了新的纠纷。2015 年竜宾村计划从娘埔水库铺设一条自来水水管，以解决该村的生活用水问题。同年 9 月，竜宾村几乎将管道铺设完毕，准备开始引水。但是打洞梁子各村村民小组长及村民代表商议过后，对竜宾村自来水管引水行动进行干涉，使得竜宾村被迫停止拉自来水管，竜宾村只得另想办法解决其水源问题。对于这次事件，打洞人的解释如下。

> 工委成立水库的目的首先是解决这个地方的矛盾纠纷。这个纠纷的源头都是因为水，所以工委就为了解决水源问题才建了娘埔水库。当时分好是竜宾一份、猛里一份、三村一份，这个山头一份。如果竜宾要冒昧地去拉水管，他们从水库直接拉，牵扯到我们三个大份甚至是四个大份了。不是不让他们去拉，但是他们要按水分去拉，拉到我

---

① 据说观音山是这一片区最高的山，当地人认为它管辖着包括龙坝乡、那哈乡及三村乡等一片区域。

② 因为竜宾与打洞梁子从地形上看分布在同一个垭口的两座山，以前两边的人每隔三年要到垭口处举行祭阴宾仪式，祈求保佑粮食丰收。

们的水分我们不同意。所以我们反映上去了之后，他们就停止了。[①]

从这个解释中，可以看出三村人对于竜宾村到娘埔水库拉自来水有很大的意见，这种争议来自于娘埔水库使用权的不明晰。“他们要拉水只能拉他们的水分”，这样的话语中显然不仅仅是争水资源的问题，更是争夺娘埔水库的使用权、申明不同主体使用娘埔水库的“合法性”。笔者也访谈到了竜宾主持修自来水管的负责人宋大甲，从他的谈话中可以看出竜宾人对待这次事件的态度。

我们这边拉了三回自来水了。第一回是从上边公路下边的那里拉，拉了之后人家的田就干了，后来不给拉么就不拉了。第二回是从后边山上拉，几户都拉好管子装好水表了，但是后山这个村委会不给拉么又作废了。今年又从二五水库（娘埔水库）这里拉，从这里拉么红河那边的人又说这是两家人的水库，不给我们去拉，现在么吃自来水都是问题呢。[②]

从宋大甲的话语中，可以看出竜宾村的尴尬。竜宾村的水井在村子下方，但是这几年随着太阳能等的使用，依靠水井已无法完全解决人们的生活用水。竜宾村曾三次试图从不同地方拉自来水，前两次均因为占用其他水源田的水而被阻止。第三次从娘埔水库拉水，娘埔水库水源充足，不存在资源不足的问题。但是由于娘埔水库规划时属于黑树林工委，修建时计划给三村、竜宾、猛里三个村委会共同使用。黑树林工委取消后，三村重新划分到红河县三村乡，猛里、竜宾属于墨江县龙坝镇，因而产生了水库使用权的纠纷。

关于娘埔水库，还有另一项新的争议。娘埔水库附近有大量的镍矿，墨江县政府招商引资后在水库旁边修建了一个大型的镍矿厂，矿场已经开始进行生产。但是在矿场的生产过程中需要用到大量的水源，矿场便将打洞大沟沟头上部的水源堵起来修建了一个小水池，用水泵将水抽到工厂使用，同时将部分污水排放到了水池中。水池的水与沟水相互连通，一些污水顺着打洞大沟流到了打洞梁子的田地里，使得一些猪、牛等牲畜生病，引起数十只鸭子死亡，甚

① 报告人：丁树清，报告时间：2015 年 10 月 11 日，报告地点：红河县三村乡三村村黑树林村。

② 报告人：宋大甲，报告时间：2015 年 10 月 13 日，报告地点：红河县三村乡三村村下达东村。

至污染到了一些村庄的饮用水水源。因污水主要污染到打洞大沟的水源，三村村委会便要求三村乡政府向红河县及墨江县环保局反映问题。之后，三村人还亲自与镍矿厂进行交涉。由于竜宾村也有几户人家受到污水影响，因此也同三村人共同找镍矿厂维权。在这个事件里，水库的纠纷已经不是竜宾与三村的纷争，而是竜宾人与三村人共同合作来对抗新的问题。

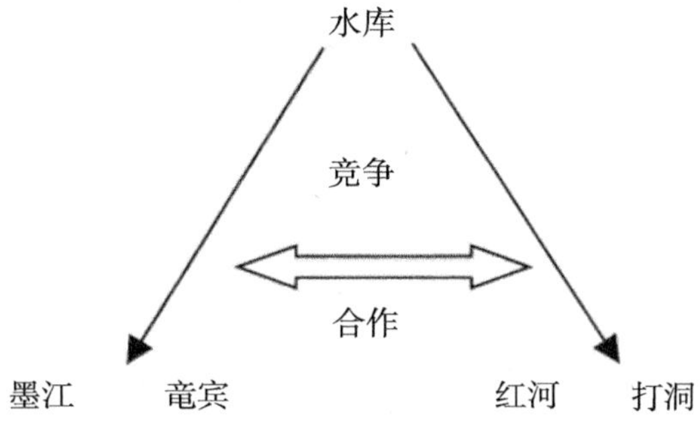

图 8–4　水库与黑树林地区的关系对应图

总而言之，娘埔水库补给了打洞梁子、竜宾村及其周围区域的用水，其辐射范围是包括墨江县与红河县交界处的黑树林地区。如图 8–4 所示，在这个大的区域范围内，竜宾村与打洞梁子既相互竞争又相互合作。这种竞争与合作的方式，如同《努尔人——对一个尼罗特人群生活方式和政治制度的描述》中所谈及的裂变分支。在努尔人部落中，下一级的宗族之间相互分离，但是如果遇到外敌入侵时，则整合上一级的宗族分支。黑树林地区也有类似的整合方式，在区域内部各乡镇村落相互竞争水资源，但是当水资源遭到破坏时，则相互合作共同抵御风险。当然，努尔人的整合方式是依靠血缘及地缘，而黑树林地区的整合方式可以说是依靠地缘与水资源。这种因共同争水而形成的空间与行政区划空间的交叉和不重叠，体现出了以水为基础而形成的社会空间的特殊性和稳定性。这就不难理解本节开头所提及的问题：为什么螺蛳寨组织的篮球比赛中有 8 个队伍，这 8 个队伍包括了三村村委会的 9 个自然村及墨江县龙坝乡竜宾村委会的 2 个自然村。因为，打洞梁子内部的 7 个自然村既是相互独立自成一体的 7 个村庄，又是共同灌溉的一个整体。打洞梁子与大梁子同为一个村委会，与其对面的竜宾村委会既竞争水源又会共同保护水源，同属于黑树林地区的意义体系之下。这种关系打破了行政边界，民间往来密切。由此便可理解 11 个自然村出现在同一个篮球比赛的活动中。

四、“管”与个体

“黑树林地区”实体化的过程中也将自来水管带入了打洞梁子。随着黑树林工委及民族工作队的介入，促进了三村乡的发展。三村乡的行政中心搬至打洞梁子山头，加速了打洞梁子现代化的进程。20 世纪 90 年初，打洞梁子便开始铺设自来水管，比周围村庄铺设自来水管提早了一二十年。[①] 自来水管的引入改变了打洞梁子人们传统的用水习惯和生活方式，这主要体现在人们日常生活中对于水资源分类的细化、自来水对打洞梁子公共空间的影响以及有关当地人对水的象征图式的改变。

首先，随着自来水管的引入使得人们在日常生活中对水的分类更加精细。以往人们日常的饮用水主要是取自于村落的井水，洗菜、洗衣、洗澡等多用沟水或者田里的水，多是人畜共饮。在使用自来水后带来了人们对现代生活方式的追求和卫生观念的兴起。人们将人饮用的水和牲畜饮用的水逐渐区分开来，近年一些家庭开始使用太阳能热水器、修建带有自动冲水的卫生间等。以前打洞梁子的人们多用沟水、井水解决用水问题，农忙时节甚至会直接饮用稻田里的水。但是自来水进入梁子之后，在缺乏自来水时人们也不会再用沟水，而是到更远的地方买水使用。如果家里来客人，有些村民还会专门拿出瓶装矿泉水给客人喝，墨江县城的桶装矿泉水生意也做到了这条梁子。随着时代的发展，打洞梁子人们的观念中的“缺水”从缺沟水悄然转变成为缺自来水、饮用水，再细化下去可以说是缺干净的饮用水、缺太阳能里的水、缺做饭的水、缺洗澡水等等。

其次，自来水管的引入还改变了人们日常生活中的公共空间形态，在某种程度上影响了村落里公共空间的拓展。以往在水井边和大沟流经村落的地方一般都比较热闹，妇女经常聚集在这些地方洗菜、打水、聊天。接通自来水管

① 例如竜宾村至今没有完全铺设自来水管；坡垤村 2015 年才铺设完成；大梁子上下寨 2013 年铺设等。

后，很多用水活动可以直接依靠自来水解决，水井的使用率降低许多。在市场新区居住的人家，因为没有传统上留下来的集体性的水井、水塘等，他们一开始便依靠自来水解决水源问题。由于自来水不定期停水，他们也形成了自己的用水智慧，即在自家修建一个小水池，有自来水时先让自来水流入水池中做好储水准备，停水时便可用水泵将水抽到太阳能里使用。这种水池也是一种储存水的“水井”，其性质却与村庄的水井截然不同。村庄的水井属于集体产权，而私人家的水池完全属于私有产权。这几年，梁子上各村都有一些人开始修建这样的水池。2014 年，三村乡开始进行“美丽家园”建设，先后有黑树林、螺蛳寨、塔普等村寨的房屋逐步改造成为水泥房，这些新房几乎每家都修建了储水池。随着政府的扶持与现代化的发展，村落里传统的用水方式正在发生改变。从依赖井水转变到依赖自来水，削弱了传统公共空间的影响力，水管直接进入家户增加了家庭的私密性。

第三，自来水管的引入还在某种程度上改变了人们对于水分类系统中的象征图式。打洞梁子的人们对水既有深厚的情感，亦围绕着水而形成了诸多的仪式。如在过矻扎扎节、十月年等节日时定要在节日当日的早晨去争抢第一桶水，并且还要给井水献祭。在祭祀竜林的仪式中，人们也要在仪式的第三日，专门前往井水旁边进行祭祀活动。当地人认为井水也是有灵性和神性的，是村落丰产的保证。在耕作中人们也会在田间进行与沟水有关的简单仪式，期待在农作物生长期间能够保证充足的水分。而到了每年农历二月的时候，就会举行盛大的祭沟仪式。在家户的层面上，以往老人在去世前都会要求喝一口哑巴箐的水，认为只有喝了哑巴箐的水才能安心、干净地离开人世。然而，这种神圣的象征感在自来水管的日常使用中却得不到体现。自来水管的水自然也是珍贵的和纯净的，但是很少有围绕自来水管举行的神圣祭祀活动，人们认为这仅仅是出于生活需求而使用的水管。水作为一种物，既有神圣属性也有资源属性。水作为一种资源，每一个人都需要使用，而水的神圣性则来自于一种集体情感。水管将水从其他水源地输送到各家户，跨越了水源地到用水地的距离，直接流向每一个打开水龙头的个人。因而，自来水给个人提供便利的同时也削弱了水的神圣性。

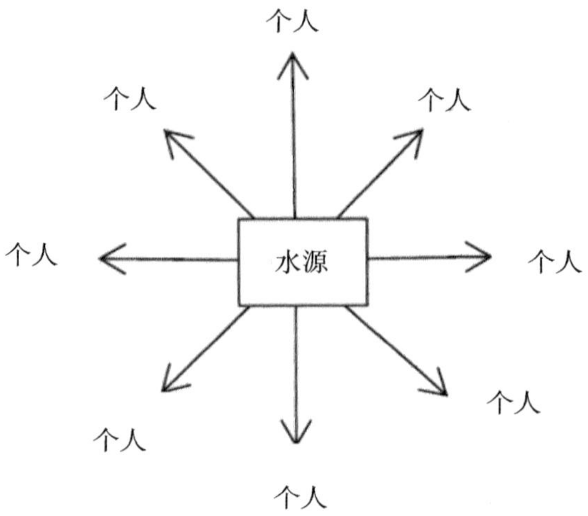

图 8–5　自来水管的“毛细血管”化与个体意识的产生

总体来说，自来水与井、沟、水库不同。井、沟、水库所承载的都是一种集体关系，水井对应了一个村庄、水沟对应了一条梁子、水库对应了一片区域。如图 8–5 所示，自来水打破了这种层层外扩的对应的关系，直接将水与个人连接起来。一方面，自来水管将其他水量充足之地的水通过管道运输至打洞梁子，解决了定点水源（例如水井）的局限性，增加了打洞梁子对于人员的容纳能力。另一方面，自来水使得水变为一种商品，它打破了水井与水沟的集体属性，像毛细血管一样伸入到各个家户，直接面向每一个拧开水龙头的个人。

五、小结

由于水在打洞梁子具有特殊的重要地位，“复数的水”可以成为理解打洞梁子的一种介质。打洞梁子不是一个行政村的概念，也不是一个自然村的概念，但是它一直被打洞梁子外部的“他者”或是打洞梁了内部的人们视作一个整体性的社会空间。而梁子内部分为 8 个自然村，梁子外部有与之争水的其他村庄。打洞梁子社会空间的形成与打洞梁子“复数的水”有关。水在人们的实践中不断分化，水分化的过程对应着打洞梁子社会空间生产与再生产的过程。

本节主要讲述复数的水与村落空间的分层对应，说明不同的用水方式体现的打洞梁子不同的村落空间，这种村落空间逐级对应。水井对应了村落，水沟对应了梁子，水库对应了黑树林地区，自来水管直接对应到个人。水的分化及人们用水方式的转变背后，意味着人们关系网络的转变。复数的水背后具有不同的社会属性，代表了复杂的村落空间。通过水井、水沟、水库、水管讲述了打洞梁子上个人、家户、村庄、打洞梁子、黑树林地区逐级外扩的村落空间，这种村落空间的形成不是简单的行政区划，而是在历史过程中不断发展而成。在不同层次的村落空间的形成过程中，复数的水既是不同层次的村落空间的表征，又是村落空间分层的一个助推力。

第四节　打洞梁子社会空间的生成

前三节分别介绍了水对于打洞梁子的重要性、打洞梁子复数的水以及复数的水与社会空间的分层对应。在打洞梁子，不同的用水方式对应了不同层次的社会关系，形成了多层次的社会空间。这种对应性可以直接通过打洞梁子上每个村寨的水井、串联村寨的水沟、连接家户的水管以及补给沟水的水库直接看出来。这些多层次的社会空间并非简单规划而成，而是居住在打洞梁子的人们在参与建设自己家园的实践过程中逐渐产生。水的复数性生产，根源在于人们对打洞梁子物理空间的改造，而这种改造取决于人们对空间所赋予的意义。正如列斐伏尔在《空间的生产》[①]一书中所指出的：“空间不仅仅是社会关系演变的静止的‘容器’或‘平台’。相反，人类从根本上来说是空间性的存在者，总是忙于进行空间与场所、疆域与区域、环境和居所的生产；空间作为社会历史建构的产物，不能单纯化约为几何学，而是被赋予了经济、社会、文化上的意义。人的参与赋予了空间的存在性，有了人的参与，空间才产生了意义。”所以今天我们所看到的打洞梁子，是由居住在打洞梁子上的人们共同参与创造。打洞梁子上水的分化，正是由于人们给水赋予了不同的意义。这些分化的水，又共同组成了打洞梁子的水利系统，使得打洞梁子成为一个整体。打洞梁子的整体性，就在水的不断分化同时又共同组成一个水利系统的过程中体现出来。因此，要了解打洞梁子复数的水为何与社会空间

① ［FR］Henri Lefebvre: *The Production of Space* . New Jersey:Blackwell Publishing Ltd, 1991.

形成不同层次的对应，就必须要了解人们对于水所赋予的意义，也就必须了解打洞梁子上居住的人群。

谈起哈尼族的居住空间形态，即“四位一体”的地理、社会空间形态，是由竜林、水井（即水源）、村寨和梯田组成。这样的社会空间形态在长期的历史积淀中则会逐渐与某个民族的民族性结合在一起，从而形成对某一群体的文化认知话语和地景空间对应。如提起哈尼族，人们脑海里第一空间反应便是一望无际的元阳梯田景观以及在田间穿着民族服饰劳作的哈尼族妇女。然而，现实情况并不如此。在实际的生活情境中不同地区的哈尼族会与其他民族相互交往互动，继而在相应社会互动中形成新的社会空间形式。打洞梁子即是哈尼族白宏支系与当地人称之为“麻批麻普”的段氏家族以及汉族移民群体共同互动和交往过程中，共同参与和塑造出打洞梁子其特有的整体性社会空间。若要理解打洞梁子水的社会分化和空间对应，以及其如何塑造了打洞梁子今天这种具有复合性的社会文化整体性，则需要分析分化的水及对应的社会空间是如何既“嵌入”其内，又如何有机地作为整体中的一部分而存在。

打洞梁子现在大概居住着2000人，最早到这里居住的是哈尼族人，后来搬进来一些汉族，随后自称为“麻批麻普”的段氏家族又迁居至此。三个不同的群体有各自特殊的风俗习惯和文化特征，对于水的理解和使用方式也不尽相同。这三个群体的存在奠定了打洞梁子用水的基础，使得打洞梁子在水利系统的串联下成为一个整体，打洞梁子的社会空间因此生成。因此，本节主要关注打洞梁子上的不同文化群体对于水所赋予的意义以及这些人共同塑造的社会空间。

一、哈尼族塑造的社会空间

（一）传统的“井”

打洞梁子上居住的哈尼族自称为“白宏人”。“白宏”一词，可以有两种解释。一种说法是：白宏语中“树白、萨白”，为草丛树木茂盛之意；“宏”即居住、落脚、定居之意，因此“白宏人”指因草丛树林茂盛而居住的人。另一种说法是哈尼族先祖在南迁途中有一部分人掉队，追赶至“竜丛”（即今天的泗南江电站水坝上下游附近）时，看见前行队伍看到的野芭蕉树已经长出新叶，认为他们已经走远、无法追赶，便决定定居下来，因而被其他人称作“嘎躲白宏”，意为：掉队的人们[①]。白宏人主要就居住在红河县、墨江县、元江县交界处的哀牢山腹地，主要分布在红河县三村乡和垤玛乡、墨江县龙坝镇、元江县因远镇。

传统的哈尼族白宏人与大部分其他哈尼族一样，通常的生计方式是逐水源而居。白宏人一般会选择一个山腰有水的区域居住，村子上方设立竜林、旁边设立水井、下方开荒种田[②]。随着村落人口的增加，当水源不能满足村落需求时，一些村民便会重新开辟一座山脊建立新的寨子。新建的村寨要从旧寨的竜林里折取一枝竜树，使旧寨竜树的神力传递到新的村寨。一个新的村寨建立，必须设置竜林、水井及寨心石（哈尼语称“粗玛米修”）。按当地人说法便是“树大分枝”，刚分出去的新寨与旧寨联系较为紧密，类似于兄弟关系，随着时间的推移，新寨便会成为独立的村子。对于白宏人来说，一个村落“树大分枝”就像兄弟分家一样常见。一座山上的水源无法满足需求，一部分人便重新到另一座山寻找水源、搬离旧寨。

白宏人建新寨时所设立的水井对于一个村落十分重要。在白宏话中，对于水井的称呼有两种，一为“厄得”，二为“厄洪”。“厄得”为水井的统称，“厄洪”则指整个村庄唯一具有神圣性的那口古井。

> “我们一个寨子要弄起来就要先设计厄得得洪，厄得得洪还没有去杀鸡么，还不是一个寨子。”[③]“水么任何时候都可以去挑吃，过年过节献饭又是另外一回事。厄洪修扎就是要去整一对小鸡、一碗红米、一碗黄米、一颗蛋，不然么那些水不能用来献饭呢。”[④]

由老人们的介绍可知“厄洪”为“厄得得洪”的简称，就是经过仪式后具有神圣性的古井，设立“厄洪”代表了一个村庄的成功建立，并且村民每年都要到厄洪举行“厄洪修扎”[⑤]的仪式才能保证古井所具有的神圣性。对于白宏人来说，古井既为人们提供水源，又是神圣的地方。因此，每个村寨建寨都必须设立一口古井。古井的设立，不仅满足人们世俗生活中对于水源

① 报告人：李皮陆，报告时间：2015 年 10 月 15 日，报告地点：红河县三村乡三村中学。

② 即四位一体模式。

③ 报告人：段好福，报告时间：2015 年 10 月 12 日，报告地点：红河县三村乡三村村螺蛳寨村。

④ 报告人：李陆拾，报告时间：2015 年 10 月 12 日，报告地点：红河县三村乡三村村螺蛳寨村。

⑤ 即到厄洪处祭祀。

的需求，更是满足了白宏人在仪式中对于神圣之水的需求。逢年过节时，白宏人都要到古井“抢新水”，这些水代表着洁净。天蒙蒙亮时，白宏妇女便要起床去古井里打新水。谁家起床早，抢在最早打水就预示着好运、来年能有好收成。打水时，放几粒米在井边，表示与井买水。抢到的新水要带回家里，将这些井水倒入家中的水缸，使井水的神性传递到水缸中，保证节日期间所用之水都是圣洁之水。打来的水首要用来清洗蒸献饭时所需的糯米和“哈巴”树树叶。洗过的哈巴树树叶要放在家中各个角落并插到门口上方的竹筒内，并且用哈巴树叶包一些用新水煮的糯米饭所舂出来的糯米粑粑放在竹筒旁边。据说天上的“俄直”“石批”两位管农作物和人的神仙会骑着马下来与民同乐，家家户户门口所放的树叶和糯米粑粑是为了给两位神仙的马匹做马料。[①]因此，清洗迎接天神的糯米及哈巴树叶必须用到抢来的新水，以保持其洁净及神圣性。

（二）定居的村庄

传统的哈尼族白宏人往往住在山腰、逐水源而居。一旦山上的水源无法满足人们的饮水及灌溉需求便到新的山寻找水源，开村建寨。一些学者将哈尼族的这种居住格局描述为“四位一体”立体生态格局，指哈尼族的居住地从上到下依次是森林、村庄、农田、河流。村庄上方的森林为保护村寨的竜林，竜林及竜林之上不能再有人居住。然而，打洞梁子的村落布局却不同于这种“理想型”模式。打洞梁子共由 8 个村庄构成，村庄之上并不完全是森林，村庄之下也不完全是梯田，甚至有些村子的竜林还位于村庄之下。这种特殊的布局，与打洞大沟的挖通有很大关系。

打洞梁子上的哈尼族白宏人最初从坝茨村分化出来，形成达东村。如今打洞梁子上有 4 个村寨均是从达东村分化出来。打洞梁子上哈尼村庄的分化情况见图 8–6。

---

① 另一说法是“哈巴”树叶便是两位神仙的桌子。访谈材料，红河县三村乡三村中学，三村乡李皮陆夫妇，2015 年 10 月 21 日。

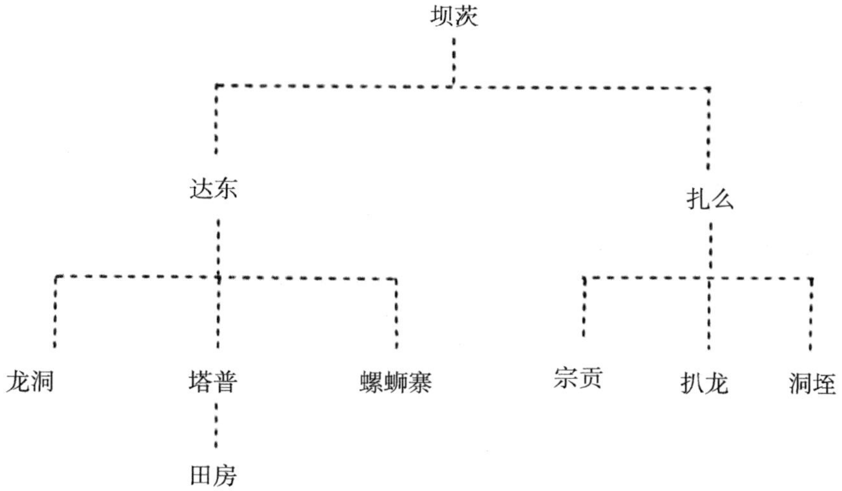

图 8-6　打洞梁子竜林的分化与形成图

从梁子的村落布局看，最早开发打洞梁子的人所建立的达东村位于整条梁子的山腰，说明达东村的建寨依然是根据哈尼建寨的传统方式选址。有趣的是，从达东村分化出来的四个村庄也共同居住在这条梁子。这些村庄虽然延续了哈尼村寨“树大分枝”的传统，但是分化出来的村子并未搬离这条梁子，只是在梁子上下重新选址建立村庄。而使这些人打破传统选址建寨观念的重要因素是梁子上有了充足的水源。这个充足的水源得益于打洞大沟的修建。以前这些哈尼族人主要依靠小沟小箐的水源解决生产生活用水，水源不够便要搬家迁移。大沟修通之后，将充足的水源引到了村庄和农田。以前人跟着水走，水不够就要搬新寨、开新田；大沟修通后使得水跟着人走，田开到哪里水就流到哪里，人们的居住空间便相对固定下来。因此，即使这些哈尼村寨的分化一直保持活态，但是始终固定在了打洞大沟所流经的打洞梁子上，甚至还有许多其他地方的人搬至此地居住。

二、汉族塑造的社会空间

（一）开井建寨

打洞梁子上主要有三个汉族村寨[①]，分别是墨江黑树林、红河黑树林与下达东。据说达东与下达东以前同属一个村，下达东以前被哈尼族人称作“达东普尼”。“普尼”在哈尼语中指汉族，因此这个寨名意为：达东村汉族居住的地方。“达东普尼”这个地名，一方面表明汉族与哈尼族共居，另一方面也表明汉族在这个哈尼村寨中的独立性。最初居住在这里的汉族在自己居住的地方也建立水井，使用独立的水源，使得自己在哈尼族居住的区域获得了一片独立耕种的地方。但是汉族与哈尼族对水井的理解不同。汉族认为水井里有龙神，因此过春节要到水井边烧香，并在井边撒一些米表示向龙王买水。有趣的是，当笔者问下达东村的汉族，他们所说的哈尼族“竜林”与汉族的“龙神”是不是一个龙时，他们认为就是同样的“龙”。由此可知，汉族在与哈尼族共居的过程中，将哈尼族的文化符号并入到了自己的文化逻辑中。

两个黑树林村的建寨稍晚于下达东村。由于汉族人没有在山腰选址的观念，黑树林村的建立打破了哈尼族森林上方不住人的村落布局。据丁家后人介绍，他们的祖先大概于清朝乾隆年间搬至此地。丁家祖先在这里先是搭建了一间茅草屋、挖出水井，便定居下来。虽然汉族和哈尼族在建寨时都会建立水井，但是给井所赋予的文化内涵不同。对于传统上逐水源而居的哈尼族来说，水井既是饮用水又是灌溉用水。因而水井的选址通常是建立在村子边有箐口的地方，既方便人们打水，水源又可以直接流到村子下面灌溉农田。但是汉族村寨的水井，主要是为了人们饮水方便，因此往往将水井修建在寨子中间。

（二）挖通大沟

汉族与哈尼族用水的观念不同。传统哈尼族的建寨习俗中，已经考虑到了一个村落如何利用村庄上方的森林所涵养的水源来灌溉村庄下方的农田。但是如果水源不足时，村庄里的人便需要分流，因此哈尼村落保持了这种“树大分枝”的传统。相比之下，迁来打洞梁子的汉族更加安土重迁，一旦定居下来就

① 塔普村虽然也有汉族，但是只有十几户人家，这些汉族是民国时期才搬过来。

不愿意轻易搬离。哈尼族逐水源而居，汉族则是看到这个地方适宜种田便想办法引水灌溉。正是因为这样一种生态文化观念的差异，促使打洞梁子的地理和社会空间体系逐渐产生新的变化与拓展。

清朝乾隆年间，湖南商人罗相文来到达东村，看到打洞梁子有大片荒山可以开垦良田，但是苦于没有水源，便想办法与黑树林的杨家共同花400两银子买得娘埔村后的水源并立下契约。契约内容如下。

立卖水源地界：立约人周者得、宗枝埔、李三隆系猛里娘铺二村居住，为因打洞村人跟尾得娘铺水源二箐，打洞荒山无能开成田亩，二寨公同商议情愿立约卖到打洞村罗相文、杨运初、罗仲德名下，实买得价纹银四百两整，入手应用自费，之后随任打洞村众人开放随挖，并无威逼等情，日后别寨不得异言，倘有异言二寨一力承担。此系二比情愿，恐后无凭，立此卖契文约为据。

代字人　张亮功　　过付人　陈牙常　　凭中人　陈阿受

乾隆十六年八月十二日　立卖水源契约人　周者得　宗枝铺　李三隆

抄刻于民国三年五月二十九日公立碑　公元一九九七年三月　　大吉①

这份契约记录了罗相文等人花钱买得水源的情况。契约表明，在罗相文之前已有一个叫“跟尾”的人曾经获得娘埔水源，但是并未将水源引到打洞梁子。而罗相文等人看到打洞梁子的发展潜力，便与娘埔人买得水源。这段历史也被记录在陆大老爷的判决当中。

俱据罗公讳淑炳、字相文，系湖广武昌兴国州朝阳里中罗村南房人氏，生于雍正甲辰年十一月十一日辰时，父柏忠母吴氏。雁行三人，弟淑焕、淑灼自乾隆辛未年入滇，至元江择配室人张氏，生儿子，长子仲德、次子仲春，次娶刀氏生三子，三子仲友、四子仲学、五子仲成。公于二十六年贸易入打洞村中，伙头为公曰：予处山荒尽可开田，有买得娘铺箐水沟一条，缺少工本，前开过几次。细问缘由，公向猛里村买地开沟，自备工本，不惜拮据之劳将水开入打洞村

① 节选自：打洞大沟纪念碑《执照》碑文。

境内。众人向公买水公向夷人买地各自开挖成田，即年幸蒙告竣。噫公城不惜艰辛，也予二十八年报明尹府，三十八年又报明州主宋升科请照存案，于乾隆四十一年钦奉上谕，案内滇省概免升科结照，官业开垦耕种。迄今，各村得食其田，子孙得守其择，求志于余礼也，而志之曰：昂匕之躬谦，匕之容，处山岭，福亦优隆。①

碑文中提到，在罗相文之前已有人试图开沟，但是因为缺少工本而放弃。罗相文到打洞梁子之后，被人告知“予处山荒尽可开田”。于是“不惜拮据之劳将水开入打洞村境内”“即年幸蒙告竣”。也就是罗相文到达打洞后下定决心将所有的财产都用来开沟引水，一年之后便将水引到了打洞梁子。沟水引到打洞梁子之后，“众人向公买水，公向夷人买地各自开挖成田”。有了充足的水源，便可将原来的荒山、旱地开成水田。因此，大家纷纷向罗家买水，罗家又与当地的哈尼族人买地开田。当时，沟水自上而下流经墨江黑树林和红河黑树林到达东村，梁子上的人共同使用大沟沟水，使得当地哈尼族与汉族紧密联系起来。可以说，汉族人通过修沟的方式成功地定居到了打洞梁子，并且将打洞梁子上下串联成一个整体，拓展了打洞梁子的社会空间。

三、段氏家族塑造的社会空间

（一）螺蛳寨的地理空间

从地理区位来看，螺蛳寨与其他几个村落并不在一座山上。打洞梁子上部为墨江黑树林和红河黑树林两个村，从这两个村往下分成了三个山坡，中间是打洞山坡，东边为大梁子山坡，西边为螺蛳寨所在的山坡。虽然螺蛳寨和大梁子上下寨分别位于打洞山坡的东西两侧，但是螺蛳寨一直被归属于打洞梁子，而大梁子却不包含在打洞梁子之内。社会空间的形成基于一定的物理空间，但不一定与物理空间重合。大梁子同打洞山坡的距离与螺蛳寨同打洞山坡的距离相近，但是螺蛳寨与打洞山坡上的村子形成了整体的社会空间，而大梁子却形成了自己独立的社会空间。螺蛳寨与打洞梁子其他村寨所建立的紧密关系，与螺蛳寨段氏家族的能动性密不可分。

---

① 节选自：打洞大沟纪念碑《光绪三十三年三月三十六日堂判陆大老爷》碑文。

段家人自称“麻批麻普”。“麻批麻普”为哈尼语谐音，“麻”是“不”的意思，“批”指“汉族”，“普”为“夷族（在这里，特指当地的哈尼族）”。因此，“麻批麻普”翻译为汉语意为“不夷不汉”，指介于汉族和哈尼族之间的群体。他们自认为其祖先是从大理迁居而来的白族，并且认为自己是历史上大理国段氏的后裔，迁居到汉族住的地方便成了汉族，迁到哈尼族住的地方就成了哈尼族。

螺蛳寨的段氏家族共经历了三次大的迁移。第一次是从大理迁至因远。这段历史可在因远镇段龙的墓志碑文中找到记录。

> 自古人之继世容可恕。我段公口寄滇南之裔，苍山贵籍。兄弟行商至此邑，见夫地广民稠遂娶忘归。段公娶妣周氏笃生一子名曰盟。叔祖段海亦娶妻氏有子，自兹中有风嗣，兄弟受祖上恩食邑延庆，公之子产三男，长名奴登，叔季名□□□□兄弟子孙振振百嗣云扔居集成邑。呼其乡曰段氏村噫！斯非二公之積（积）丰厚厚流光何如是之发祥乎，龙公曾孙安庆恐后裔不知二公流派遂立志铭。以垂不朽，□□□□共思水木同源以昭不忘斯善矣。
>
> 时龙飞康熙三十四年黄中月吉旦　　长生　撒登　孝忠□□□□。[1]

由碑文可知，在康熙三十四年（1695），段氏家族已经从大理迁居到因远镇至少有四代人，并且已发展成为一个段氏村落。随着人口增加，因远镇段家村有限的田地不能满足段家子孙所需，遂分出六支到各地安居，只留一支继承祖产。因此，段家人第二次从因远迁居到墨江县竜宾村。达到竜宾村后，因村中多为汉族，开始改变其习俗、过汉族节日。但是段家在竜宾居住的时间并不长久。段家在竜宾时与李家发生土地纠纷后签订一份契约，但后来契约丢失，因此失去了在竜宾居住的“合法性”。段氏看中打洞梁子地势，认为可以开垦良田，便迁居到打洞梁子。

（二）段家人的选址

段氏家族从竜宾搬迁过来，却没有选择搬到打洞山坡上居住，而是选择与

① 此碑文系螺蛳寨段家人抄写自段家家谱《因远白族族源》一书。该材料由云南民族大学高朋老师收集。

打洞山坡西侧半山坡上的白家共同居住。当时白家人单独居住在这个山坡，并未成寨，属于达东村。白家居住的上方不到一公里处，有一个自然形成的水塘。关于这个水塘，还有一个颇有神话色彩的传说。

传说以前有两兄妹从元江过来找合适的地方安家，两兄妹一个要占坝子一个要占山上。妹妹占了坝子后，哥哥继续往前走，走到螺蛳寨这里看到一个坝塘。他牵的白水牛要在这个坝塘喝水，于是哥哥也就停顿下来在这里做饭。哥哥从这个坝塘里捞出一些螺蛳，砍掉螺蛳的两头将螺蛳煮在锅里。正在煮的过程中，白水牛突然跑走了。哥哥只得向前去追赶水牛，但是水牛跑了一段路后就消失了。哥哥追赶不上水牛，只得返回原地驻扎。等他回到水塘后，发现他在锅里煮的螺蛳又跳回水塘里了。那些已经被砍掉头、尾的螺蛳依然活在水中，因此将这个地方命名为“竜鲁达崩”，意为有仙螺的地方。[①]

段氏家族进入螺蛳寨之前，在打洞梁子的哈尼族白宏人的观念里，一般人不能去这个水塘周围。如果身体不好的人去到这个水塘周围，身体会生病、魂魄会被坝塘吸走。如果在这个水塘里见到那种没有头、尾的螺蛳和短粗的黄鳝，就要请摩批来叫魂。因此，打洞梁子的哈尼族白宏人不愿意到那附近去，更不可能在那里安营扎寨。即使白家人在半山腰上居住，也尽量远离水塘。

段家人对这个水塘的理解与哈尼族不同。段氏看到这片荒山，认定这里可以开垦农田，并且坡上的水塘正好可以用来灌溉坡下的水田，便决定搬迁至此。段氏家族将第一个搬到螺蛳寨的祖先称为“东塔阿布”。哈尼语把一座山分为“东—角—洞”（即山上—山中—山脚），其中“东”指山上；“塔”有“上方”的意思，“东塔阿布”指住在山上的爷爷。虽然这个名字听起来充满哈尼族特色，但其体现的内涵与传统的哈尼族观念相冲突。传统的哈尼族一般都居住在山腰，不会选择山顶居住。段家所居住的山坡更为特殊，哈尼族人宁愿远离坡上的水塘居住。而段家祖先来到此地，首先选择居住在白家上方的山上。这个选择，充分体现出了段家人的智慧。

简单来说，打洞山坡上居住着较多人口，已经形成了自己的村落文化，各

① 报告人：段好福，报告时间：2015 年 10 月 15 日，报告地点：红河县三村乡三村村螺蛳寨村。

家户已经对山坡上的土地进行过分配。如果段氏从竜宾搬至打洞山坡，必须要获得当地人许可，与当地人买田、买水、竞争生存空间。搬迁到这种村落居住比较不容易。相反，打洞山坡西侧的这座山只居住了一户人家，山坡尚有许多可开垦的田地，山上还有灌溉水源。正好这个地方又是哈尼族文化中的禁忌之地，而段家恰恰没有哈尼族的这种禁忌。选择在此居住，既有足够的生存空间，又不触犯其他村民的利益。于是，段氏与白家人协商，两家结为兄弟，段家在上、白家在下，共同开荒种田。段氏便合理地居住下来。

（三）螺蛳寨建寨

段氏从竜宾搬过来后，与白家结为弟兄，开始改穿哈尼衣、讲哈尼话、过哈尼节。白家人原属于达东村，段家与白家结为兄弟后，段氏便成功被整合到了达东村的集体之中。由于当时人口较少、财力不足，段、白两家在很长一段时间内与达东村共同过砣扎扎、十月年、祭竜等节日。螺蛳寨人口发展较多后，才真正独立成为一个自然村。独立的标志是建立了自己的竜林、水井、寨心石等。螺蛳寨的竜林便是从达东村分化出来。竜林的建立，使得段家具有了居住于此的历史合法性。在这个过程中，段氏成功地融入了这里。

有意思的是，段家与白家共同建寨几十年后，便倡导将寨址往上迁移，直接搬迁到了水塘附近。段家将水塘背后的山峰取名“笔架山”。新的命名，也代表了段家人给螺蛳寨的地理空间赋予的新的意义。将水塘旁边的小山命名为笔架山，则有用笔蘸取水塘之水书写文字之意。水池的文化象征，从哈尼族人眼里神秘的“竜鲁达崩”被段家人转化成了具有文人气息的“砚池”。这一具有风水意味的名称，标志着段家人对自己身份的强调。转变对地理空间所赋予的意义，突出了段家人在梁子的独特性，拓展了段家人新的社会空间。

中华人民共和国成立以后，段家人组织村民将原有的小水塘改造成为一个更具有蓄水功能的坝塘。之后，又重新修建了新的坝塘。这两个坝塘，也成为了 8 个自然村中独一无二的地景①。

（四）参与沟的建设

段家人识得文字、重视教育，曾在咸丰六年（1856）获得官府所赐“乡饮

① 三村坝塘与中学坝塘位于市场新村，与乡政府搬到打洞山头有关。市场新村与打洞梁子的原有的 8 个自然村不同。

众宾”[1]匾额，可见段家在清朝中后期已经成为达东村的乡绅阶级。段家人利用自己掌握文字的优势，成功获得了打洞大沟的使用权。

第一个迁居到螺蛳寨的段氏名为段者厄，他的墓碑立于光绪乙酉年(1885)季春月。[2]但第一个出现在公众视野中的段家人叫段厄鲁，为段者厄之子。段者厄的名字出现在嘉庆七年（1802）对买水契约及开辟新沟权利所做公证的《执照》中。

> 嘉庆七年三月二十九日，因远巡抚检详据惠远里打洞村民：罗仲德、舒史厄、段厄鲁、杨聚云、王二保、司存杨德亮、李阿得、李安登等禀称：窃小的罗仲德父罗相文前备买银四百两买得他郎属之猛里村周者得等娘铺元属交界有水源一处。开沟引水至打洞山坡，以资垦田。因前父开沟一道历年以久，旧沟多有崩塌，沟水一路渗漏散流。小的等现于旧沟之下另开新沟一道，接上沟渗漏之水，穿山过岩约长三十余里，水到打洞荒山可以开垦田亩，将来水到之处田亩果能开成，小的情愿报垦陞科伏乞仁恩，据情转详恳请赏发执照承领，以便遵照 开垦，顶沐高厚无既等情，据此。[3]

由此可知，段家人从竜宾村搬迁至达东村后，积极参与了打洞大沟的修通与维护。打洞大沟的沟水从墨江和红河黑树林村流下来，既可以流到达东村，也可以流向螺蛳寨。获得使用沟水的权利，便可以开垦更多的田地。虽然段家人当时财力不足，但是有书写文字的传统。段家利用自己的文人传统，与罗家、杨家等共同上书到元江直隶州府，请求州府颁发允许使用沟水的《执照》。由此，在大沟获得官方认可的同时，段氏也变为了大沟的建设者之一。光绪年间，竜宾人开通竜宾大沟，影响到了两沟用水致使两边的田地都抛荒。打洞与竜宾争议不下，只得告官。两沟争议出现后，段家的段文德作为代理人，由全村村民资助其到普洱、昆明告官，据说一去就去了三年。光绪三十三年（1907），他把当时他郎的通判——陆大老爷请来做了判决，判文回顾了罗

① 该牌匾至今保留在螺蛳寨段好福家里。

② 一般哈尼族的坟墓不会有刻字的墓碑。段家人的祖坟墓碑，也充分说明了段家人在哈尼族人中的特殊性。

③ 节选自：打洞大沟纪念碑《执照》碑文。

相文的生平、买水的契约、执照公证等，阐明了打洞沟水源地出自他郎厅而非元江直隶州，并做出判决。

> 兹本署州体念两境民人，秉公酌度，归令两境各收各沟，认真培修沟道，苟要阻隔，无论水多少断无水不下流之理。惟每天干之时，仍恐不无争竞，可于娘铺村后大坝之处修改石闸，立一水牌将水分开，以一箐从右归入上沟即沟头之沟，听凭朗民引开溉；以一箐从左首归入河以达下之沟即沟。

通过判决，打洞大沟与竜宾大沟的水源使用权得以明确。段家人作为打洞梁子的代理人，利用自己的文字技术，争取到了打洞大沟的水源。通过这些事件，段家人成功地获得了打洞大沟的使用权，使得螺蛳寨与打洞山坡上的几个村子成为了一个水利共同体。

总之，段家人利用自己对于哈尼族文化的了解，成功进入到了达东村的社会关系网络中。段家人又利用自己的文字技术，成功获得了共同使用打洞大沟的权利。段家人既有哈尼族的文化表征，又懂得利用汉族的文字技术。他们利用“麻批麻普”的身份，形成并拓展了自己的社会空间。同时，也因为这种“麻批麻普”中间身份，获得了在打洞梁子居住的地位，使得螺蛳寨与其他村落共同组成了一个整体的打洞梁子。

四、打洞梁子整体性的生成

打洞梁子上居住着不同的文化群体，这些群体给打洞梁子的水赋予了不同的意义，又按照自己的方式对原有的水进行了改造。水在这个过程中，成为了复数的水，而复数的水又形成了整体水利系统。在打洞梁子的水利系统中，沟是最为重要的一个部分。从生产的角度来看，水沟是整条梁子最主要的灌溉水源，保证水沟通畅才能保证农田丰产。从社会的角度看，水沟使得梁子上的人定居下来，将打洞山坡上下以及螺蛳寨串联成为整体。从文化的角度看，水沟的修建包含着汉族安土重迁的观念，水沟改变了哈尼族逐水源而居的传统，水沟也使得段氏家族利用其“麻批麻普”的特殊身份得以生存。

反过来说，水沟之所以在打洞梁子上显得如此重要，正是因为水沟使不同的群体可以按照自己的文化逻辑在打洞梁子上找到适合自己生存的空间。汉族因为水沟的修建，得以在打洞梁子定居；哈尼族因为水沟的修建，不再为了生存而搬到其他山腰，只在梁子上下建井建寨；段氏家族通过参与修理、维护水沟，获得了在打洞梁子的居住权。水沟之所以牵动着打洞梁子，是因为不同文化群体给水沟赋予了不同的意义。水沟之所以重要，是因为逐水源而居、建井建寨对于哈尼族很重要，是因为安居乐业对于汉族很重要，是因为族源记忆对于段家人很重要。水沟使得一条梁子上有多个哈尼村寨与汉族村寨共居成为合理；水沟使得两个山坡上的人被称为“一条梁子”成为合理。水沟不仅仅是灌溉之沟，水沟背后代表的是人们在梁子上居住的“合法性”。所以，水沟也包含了梁子上多个水井、独特水塘所存在的合理性。换句话说，水沟既是梁子上水利系统的一个部分，但是也包含了整条梁子上其他的用水方式，代表着整条梁子的水利系统。因此，水沟不仅是“复数的水”的一部分，水沟也等于整体的水、抽象的水。水牵动着每个人的利益，也自然成为每个人都关注的对象，它凝聚了整个打洞梁子，使打洞梁子成为一个整体。①

从打洞梁子内部来看，打洞大沟将打洞梁子的人们聚合在一起，使得打洞梁子成为一个整体。而从外部环境来看，竜宾大沟的修建，威胁到了打洞大沟的正常运转。打洞梁子的人便将竜宾看做争水对象。也正是因为竜宾人开沟，使得打洞人更加团结在一起应对危机。竜宾大沟的出现，强化了打洞梁子的整体性。因此，当竜宾人开沟影响到打洞梁子用水时，打洞梁子的人便抱团在一起共同对抗竜宾人。这种“对抗”的情绪最终脱离了“水”这个本体，成为了竜宾人与打洞人的“对立”②。20 世纪 80 年代之后，打洞梁子的山头便开始修建乡政府办公楼、农贸市场、学校等，使得梁子上方形成了新的一种行政空间和市场空间。新的社会空间带入了水库、水管等新的用水方式，这些社会空间的拓展也使得打洞梁子不断变化成为一个新的整体，也使得打洞梁子的水不断分化。

① 这个逻辑正好印证了涂尔干所说的：“越是社会的就越是个人的”。

② 这种对立的情绪指的是一种整体性的对立：竜宾人触碰到打洞人整体利益的情况下，才会出现这种对立的情绪。而在日常生活中，竜宾人与打洞人的交往频繁，个人对个人的社交网络非常活跃。

五、小结

本节主要讲述“打洞梁子”这一整体性的社会空间如何在水的分化过程中不断生成。前文描述了复数的水与多层次社会空间的对应性。然而，这种多层次的社会空间是基于打洞梁子整体性而存在。本节主要通过历史上不同文化群体用水观念的差异，来分析这些群体如何通过不同的用水方式拓展自己的社会空间，并且使得打洞梁子成为一个复合的文化整体。自下而上看，打洞梁子复数的水构成了一个整体的水利系统。自上而下看，打洞梁子的水从抽象的水变为复数的水的过程，正是打洞梁子不断被融合成为一个整体的过程。

第五节　水与社会空间的相互型塑

有关社会空间的讨论，从20世纪70年代开始。在此之前，关于社会空间的表述多是片段式的、零散的、含糊的。自1970年以来，在社会理论家反思以往理论的基础上，空间开始逐步进入社会理论的论域，改变了长期以来以时间—历史为主导模式的话语结构。列斐伏尔（Henri Lefebvre）是这场转向运动中最具影响力的先驱。他对空间的定义是：空间建立在物质空间的基础上，同时又具有社会和心理尺度。他认为：“（社会）空间是一种（社会）的产物”，其内涵是：首先，社会空间是以自然空间为原材料生产出来的；第二，每一种社会形态都有自己的社会空间；第三，社会空间作为一种产品，既是具体的又是抽象的；第四，如果社会空间是被生产出来的，那么就存在着社会空间的历史。[①] 与列斐伏尔对于（社会）空间的界定类似，很多学者在其论著中对社会空间进行讨论。布迪厄（Pierre Bourdieu）在其阿尔及利亚研究中发现了空间的重要性。他认为的社会空间是：任何一个社会空间都具有一定的地理学基础，它不是一个纯粹意义上的主观建构，而是行动者基于其所处的地理空间而进行

① 潘可礼：《亨利·列斐伏尔的社会空间理论》，载《南京师大学报》（社会科学版），2005（1）。

的一项集体建构。① 吉登斯（Anthony Giddens）的结构化理论中同样包括了时间－空间理论，其中的重要概念之一是场所（locale），即与社会互动相联系的自然和人工化了的环境。不仅于此，这一概念特别关注强调社会日常活动所赖以进行的那些环境的物质方面是如何被运用于人类的主体活动过程，又如何在社会活动中生成和复制。② 哈维（David Harvey）将空间诠释为基于自然空间基础之上、通过人类活动而产生的具有社会属性的空间。③ 这些关于社会空间的讨论，都说明自然空间与社会不是二元对立的关系。社会必然有承载其关系的空间实体，空间观念的产生必然蕴含着人的认知，社会空间是人群与地理空间相互影响而成的产物。

基于对社会空间的这种认识，本节讨论打洞梁子的水与社会空间的关系。水是一种特殊的东西，它既是一种物质，又代表一种地理空间。它不仅仅是一种自然之物，它更是一种社会的产物。第三节已经讲述了打洞梁子复数的水与社会空间的分层对应关系，这种对应关系通过客位的观察可以得到。水在打洞梁子上的重要性和支配性是人所赋予的，“复数的水”是人们对打洞梁子的实践过程中所形成，不同的用水方式背后代表的是不同的社会空间。打洞梁子的水本身就不是一种自然之水，而是一种社会之水。因此，可以说打洞梁子的水既是社会空间的表征，又是空间实践的结果。第四节通过水不断分化的过程，来说明作为整体的打洞梁子的形成过程。不同群体的文化逻辑不同，用水方式也不同。水的复数性生产过程也是社会空间不断生产和拓展的历史。打洞梁子上居住的不同文化群体在空间实践的过程中，通过共同或不同的用水方式，人们既相互认同又树立边界。在这种认同与确立边界的过程中，形成了一种共同的意义体系。水井、水塘、水沟等多种用水方式，在打洞梁子上形成了一个整体的水利系统。这种整体的水利系统投射着打洞梁子整体性。水在打洞梁子上具有特殊性，第五节将具体陈述打洞梁子上的水与社会空间的关系。

---

① ［法］布迪厄著：《社会空间与象征权力》，见包亚明主编：《后现代性与地理学的政治》，上海，上海教育出版社，2001。

② ［英］吉登斯著：《社会的构成》，李康译，北京，生活·读书·新知三联书店，1998。

③ 章仁彪、李春敏：《大卫·哈维的新马克思主义空间理论探析》，载《福建论坛》，2010（1）。

一、社会空间对水的型塑

列斐伏尔在他的空间唯物论（spatial materialism）中，为了更好地理解空间概念与生活世界的关联性，提出空间实践（spatial practice）这个概念。他认为空间实践属于感知层面，是指人们依据一定的空间生产方式对具体场所、空间集合的生产与再生产；空间实践的产物是各种可感知的空间形态。[①] 但是在列斐伏尔的讨论中，特别关注对作为国家统治的资本主义抽象空间（abstract space）生产，对乡村或传统上属于人类学讨论范畴的“前工业”小规模社会的空间性并没有太多关注。[②]

打洞梁子是农耕文明与山地文明相结合的区域。在这样的区域，水是人们生活的一个关键要素。借用“空间实践”这个概念来说，“复数的水”就是人们对于空间实践的一种具体产物，水就是社会空间的一种可感知的空间形态。因此，本节将详细阐述打洞梁子的社会空间如何塑造这一区域的水。

（一）社会空间塑造水的形态

水具有流动性。在哈尼族的观念中，有一个叫做“呗佯”的神，它是地下最大的神。这个神通常被当地汉族等同于龙王、水神。“呗佯”通常生活在水中，有时也会住在地下，偶尔也会到地上或者天上，是一个居无定所的神灵，神通广大、无所不在。每当电闪雷鸣或山洪暴发时，人们都认为是“呗佯”作祟，因此便要举行祭祀“呗佯”的仪式。哈尼族的观念中“呗佯”神，诠释了水的这种流动性。

流动的水具有可塑性。人在使用水的过程中，利用水的流动性对水进行塑造。通过不同的容器，使水源流动或者固定，使水成为便于人们使用的物质。人们在将水改造成可利用的水的这一过程中，改变了水的形态，也使得水具有了一种社会性。人们对于水的使用方式不同，会改变水的流向、方位，承载水的容器也不同。承载水的容器不同，则意味着其对应的社会空间也不同。

---

① ［法］亨利·列斐伏尔著：《空间的生产》（节译），晓默编译，载《建筑》，2005（112）。

② 刘怀玉：《〈空间的生产〉的空间历史唯物主义观》，载《武汉大学学报》，2015（1）。

图 8-7　水的分类与型塑图

前文已经介绍了打洞梁子上多层次的社会空间与复数的水的对应关系。通过图 8-7 所示，可以更加直观地看出不同的社会空间对于水的型塑。

水井是村寨建立的必要条件，人们找到水源并且直接在水源处修建水井蓄水，水源在水池里相对固定下来，村庄的人也就定居下来了。村庄是打洞梁子内部的分层，一个村庄对应的水井是较小的蓄水池。

打洞大沟的水来自十几公里外的地方，人们通过修建沟渠使水流到打洞梁子的村庄与水田。水沟的轮廓固定下来，水便可以顺着沟流淌到人们所疏通的地方，水沟自上而下可以灌溉数亩良田。打洞梁子的人们在合作开沟、管理沟、使用沟的过程中形成一种整体的社会空间，这种社会空间也决定了沟水的流向和使用的人群。

水塘比水井的蓄水量大，使水积蓄在一个大容器内，可以缓解枯水期急需用水的问题。水塘在打洞梁子上并不多见，水塘对于大多数村寨来说可有可无。但是螺蛳寨的段氏家族运用水塘，既开辟了很多田地又形成了自己独特的社会空间。段氏家族的特殊性造就了螺蛳寨特殊的水塘。

娘埔水库是大型的蓄水池，为黑树林工委及驻扎黑树林地区的民族工作队所修建。打洞梁子与亀宾不断扩大的水利纠纷，意味着两边“你中有我、我中有你”的关系。在这种既竞争又合作的关系中，形成了一个整体的黑树林地区。水库的修建正是这一区域社会空间形成后，改变内部水利纠纷的一种方式。水库所体现的是黑树林地区这一更大范围的社会空间。

水管与之前的几种用水方式不同。水井、水沟、水库是裸露的水，都具有开放性、集体性。水管将水封闭在管道中转换为商品，直接输送到各个家户。

水管的封闭性是家庭私密性的隐喻。随着打洞梁子现代化的发展，打洞梁子山头逐渐出现了公职人员、生意人、学生等。市场新村的形成不是传统村落的裂变，而是现代化的集镇。现代化生活的带入，使人们从重视集体性的公共空间更加转为注重私人空间。重视私人空间的家户更加倾向于使用私有的水，商品化的自来水便成为人们主要的用水方式。

现代化生活带来了私人空间的转向，也带入现代的卫生观念。人们对水的分类更加细化，不仅是将生产生活用水简单分开，还更加具体地区分了水的卫生等级。自来水、井水、矿泉水被打洞梁子的人视作可以饮用的水。自来水是最方便的饮用水，井水主要被用在仪式场合。而装在瓶子里的矿泉水是现代化商品，从打洞梁子之外运输而来。矿泉水买断之后便属于个人，被视作专门用来喝的水，也被视为干净的饮用水。人们对现代化生活的追求，使得矿泉水在打洞梁子逐步普及。用矿泉水招待客人，成为一种礼貌的象征。

（二）社会空间塑造水的流向

社会空间的改变，不仅改变水的形态，也改变水的流动方向。以打洞大沟的使用为例，木刻分水的方式与“四大份”的分水方式不同。四大份的分水方式改变了沟水原来的流动方向。

打洞大沟每年的祭沟仪式都在分水纪念碑处举行。以前在碑的位置旁有一棵树，祭沟时就在那棵树脚献饭；纪念碑竖起来以后，便在纪念碑处献饭。据老人们说，自从这条沟修好就有祭沟仪式了。田房 70 多岁的李姓老人介绍说：

> 解放前梁子的田主要是地主家的，所以当时主要是地主家的人来把沟；解放后进入集体时期，是由集体时候的队长来安排祭沟的事，由当时的会计根据木刻分水的情况来计算使用到水的家户每一家该出多少钱。大概从 1984 年开始，三村村委会的人通知要将木刻的传统转为按照“四大份”分水，“四大份”就一直延续到了现在。①

打洞大沟最初的分水方式是“木刻分水”。参与分水的人家主要是田多的人。在木刻分水时期，打洞梁子的人有雇主与雇工的关系，这种关系形成了另

① 报告人：李兴财，报告时间：2015 年 10 月 23 日，报告地点：红河县三村乡三村村螺蛳寨村。

一层次的社会空间。

木刻分水的分水制度在打洞梁子上使用了很长时间。这种分水制度在历史上具有合理性。原因如下：一是木刻分水时期，打洞梁子田多的人与田少的人出现了社会分层。田多的人家参与分水，所以木刻时期的分水口不多。打洞大沟的水可以满足大家的分水需求。二是当时人们开田，往往选择合适的地方进行开垦，不断在选定的地方向下开挖新田，将山坡开为梯田。所以一般来说，连成一片的梯田为一家人或一个家族所有。只要最上方的水田有足够的水源，水顺着上方的田流到下方，便可以满足灌溉需求。因此，关于分水口和沟水产权的争议不多。三是以前打洞梁子上开垦的田地不是特别多，打洞大沟的沟水可以满足这些水田的灌溉需求。

随着中华人民共和国的成立，国家在农村进行了一系列改革。打洞梁子也经历了很多变化，“四大份”的分水制度也孕育而生。采用“四大份”分水制度主要有三个因素。一是土地改革时期将地主的田地收回，改变了地主原有的社会地位。这一制度结束了原有的社会分层体系，改变了打洞梁子过去的社会空间。二是土地改革之后进入了集体化时期，1980 年以后开始家庭联产承包责任制。这段历史是打破原有社会空间、重塑新的社会空间的历史。家庭联产承包责任制将田地承包给个人，增强了人们开拓私人空间的积极性，也增强了人们的私有观念。这一政策刺激了农民开田的积极性，几年之内新开了很多田地。三是包产到户时，人们所分田地是按抽签决定，因此一个斜坡的上下几丘田可能分属于不同的人家。又由于人们的私有观念增强，都希望直接可以使用水沟的水。

实施家庭联产承包责任制后，木刻分水的方式便不再适用了。木刻分水的分水口是按照曾经地主家的田地所设置，但原有的社会空间早已改变，木刻分水口的设置就不再合理。打洞大沟属于整条打洞梁子，当田地分到打洞梁子上的各家各户之后，各家户都拥有了使用水沟的权利。当所有人都试图从打洞大沟分水时，带来的问题是：缺水的时候，梁子上方的田或许还能用到水，但沟水流到梁子下方就越来越少了，有时候甚至断流。因此，由于打洞梁子原有社会空间的变革，产生了新的“四大份”分水制度。“四大份”分水方案按照时间来分水，分到哪个家户，其他的出水口完全堵住，使水直接流到这个家户的水田。基本解决了因为自然条件而导致的上游有水下游缺水的弊端。因此，可以说打洞梁子社会空间的变革也影响了沟水的流向与流动方式。

二、水对社会空间的型塑

在社会空间塑造水的同时，水也不断地塑造着社会空间。随着时间的推演，与水有关的一个个事件不断改变或型塑着不同的社会空间。本节将通过描述笔者在田野调查中所经历的事件，具体呈现水对打洞梁子社会空间的塑造过程，同时分析水对于塑造社会空间所起的作用。

（一）打洞大沟的“集体工”

1.“集体工”事件

2015 年 10 月 25 日，笔者在打洞梁子上方的农贸市场看到三村村委会各自然村的村干部在那里集合。询问之后才知这些人刚从打洞大沟的沟头回来，便询问他们集合的具体原因。还没有问清楚情况，一位村干部便邀请笔者与他们一起去吃饭。于是，笔者跟他们骑着摩托车到了达东村。达东村的苏家已经准备好了三桌饭菜招待这些人。

细问之下，有村干部跟笔者介绍，说今天大家是去做“集体工”。去做“集体工”的直接原因是：近几个月娘埔水库旁边的镍矿厂所排放的污水影响到了打洞梁子的用水，鸡鸭死亡了 400 多只，牛也开始生病。前几天他们才发现镍矿场在打洞大沟水源头处修了一个小水池，将水源引到蓄水池中，一边抽水到工厂使用，一边排放污水。他们上报了三村乡政府，再由三村乡政府将污染情况汇报到县环保局。墨江县与红河乡环保局的工作人员到现场考察，但检测沟水是否污染需要一段时间。因此，没有直接对这件事做出处理，农户也没有得到补偿。三村的干部与镍矿厂的人几次交涉过后，矿场将排放污水的管道堵住，但是仍然还在使用打洞大沟水源头上的蓄水池。这引起了打洞梁子村民们的愤怒。去做“集体工”的间接原因是：打洞梁子对面的竜宾人想从娘埔水库拉一条自来水管，但是没有经过三村人的同意。竜宾拉水管的时候，三村人一直反对，已经停工几个月。但是近几日，竜宾人又开始动工拉水管。

事实上，镍矿厂修蓄水池、排污水与竜宾人拉自来水管并不是同一件事情。但是两件事都涉及打洞大沟的沟头，三村人便把这两件事看成了同一性质——都是影响打洞大沟水源的事情。

2.“集体工”的参与者

> 参与这次“集体工”的人包括三村村委会9个自然村的村民小组长、副组长。吃饭的时候，三村村委会的主任、副主任、支部书记都共同参与。虽然大梁子上下寨用不到打洞大沟的水，也没有家禽死亡。但是，由于大梁子上下寨与打洞梁子同属三村村委会，也派代表参与了这次“集体工”。而墨江黑树林村虽然用到打洞大沟沟水，也因沟水污染受到一些损失，但是没有参与到这次行动中来。吃饭过程中还有一个小插曲——在吃饭的时候有三个村干部迟迟不到。饭吃到一半，他们才赶到。饭桌上的人得知他们在回来途中，绕道去墨江县娘埔村的朋友家里休息了一会儿。这一行为，遭到了大家的集体批评，认为他们不统一行动，“出了问题不好办”[①]。

“集体工”背后代表的是以行政划分为基础的社会空间。这次行动的参与人只有三村人，没有墨江人。甚至在行动结束后的归途中，与墨江人的私自碰面也受到集体谴责。这说明集体工背后代表的是“三村人”与“墨江人”之间的张力。列斐伏尔认为社会空间是过去行动的产物（承载着特定的空间观念的过去的空间实践建构了社会空间），它也允许新的行动产生，它一方面促成一些行动，另一方面禁止另一些行动。[②]水沟的重要性是打洞梁子的集体认知。“四大份”的轮水制度及祭沟仪式，体现的是打洞梁子的整体性。打洞梁子与大梁子被划为一个行政单位后，打洞梁子与大梁子共同成为三村行政村。这种被动的行政划分，在共同面对“墨江人”这一行政概念时，从政府划分的行政空间也转变成了一种民间认同的社会空间。

3.“集体工”的集会场所

> “集体工”由各村派代表参加。每个自然村的干部都代表着这个

① 当时人们所说的原话。

② 郑震：《空间：一个社会学的概念》，载《社会学研究》，2010（5）。

自然村，是为了自己村子的利益而参与行动。行动结束后，这些人要聚在一起吃饭。他们吃饭的地点选在了达东村的苏家，而不是打洞梁子上方的饭馆。选择达东村的苏家作为聚会地点，有特殊的原因。达东村是打洞梁子最早建寨的村落。达东村在梁子上被哈尼族白宏人称为“打洞达玛”，意为打洞梁子的母亲，这种象征符号受到整条梁子上人们的认可。虽然现在三村村委会的办公地点在黑树林村，但是达东村的权威性受到民间的认可，当地人说达东村是整条梁子的“竜头地”，是整条梁子的“主人”。因此，在达东村集会。为了表明此次活动代表了9个自然村村民的意愿，并且由9个自然村自发组织，苏家买菜做饭的费用将由9个自然村均摊。当天买菜、买酒的费用由专人记录，一共花费848元，各村在理念上应该均摊100元。但戏剧性的是，这些费用实际上并未均摊。最终，这些钱由三村村委会主任用公款支付。

“集体工”集会的场所非常有意思。一方面，他们故意将集会的场所选在代表民间权威的达东村，以表明这次活动符合民意。聚餐的费用记录下来，并在观念中将这些钱均摊为9份，认为这些钱应该是9个自然村集体支付。达东村及需要均摊的钱成为象征着一种民间力量集结的符号。这些符号使得打洞梁子与大梁子所组成的行政村，成为一种民间认同的整体。由于打洞大沟沟头的水源在墨江，在共同面对争取打洞大沟水源的事件过程中，对抗“墨江人”使得“三村人”这个整体不断强化。另一方面，聚餐所花费的费用实际上由三村村委会支出。这表示这次活动的背后有三村村委会组织、支持。

4. 祭沟者、义务工与集体工的差异

前文已经讲述过，与打洞大沟相关的活动主要是祭沟、义务工与四大份。“祭沟”仪式的参与者是参与四大份轮水制度的各个村落，包括打洞梁子的8个自然村。祭沟的地点位于打洞大沟纪念碑附近。这里也是打洞梁子“木刻分水”时期打洞大沟开始分水的地方。参与祭沟的村落，代表的是参与四大份轮水制度的“合法性”。而参与“四大份”分水的村落，是“木刻分水”时期曾经参与分水的村落，这种分水制度具有延续性。“四大份”与“祭沟”，代表的是打洞梁子各村庄使用沟水的历史上合法性，是“打洞梁子”整体性的象征。而“义务工”的参与者与“祭沟”仪式的参与者不完全重合。每年九月前后，人们都要对打洞大沟进行一次大规模的疏通、清洁、修缮工作。参与义务工的人员是真正用到打洞大沟沟水的各个村庄、家户。这些人包括打洞梁子以及竜宾村、大乜多村用到沟水的几户人家。参与义务工的人，通过对打洞大沟修缮的义务获得使用大沟的权利，打洞大沟发挥了其作为资源的使用价值，将这些人整合成了一个“水利共同体”。为了保护打洞大沟水源而参加“集体工”的人，包括了三村村委会9个自然村的村民小组长、副组长等。基于黑树林的历史，参加集体工的目的，不仅是为了争夺水资源，更是为了争夺打洞人合法使用自己沟头的一种尊严。因而形成了一种以行政区划为基础的空间观念，“三村村委会”的凝聚力得以强化。

（二）水是社会空间的“力”

黄应贵在《空间、力与社会》一书的导言中提出物质性空间与人的活动相互结合运作并且建构出新的空间。提出从“空间的力”着手，来分析物质性空间对空间建构的运作过程和层次。他说明“空间的力”包括三个含义，首先是指空间的物质基础塑造人类社会生活的能力；第二是人的活动与物质性空间相互结合运作而产生的各种新的空间所具有的力量；第三是空间的权利，例如空间所产生的优越性及边陲性。①

水就是形成社会空间的一种特殊的“力”。水既是一种物，又是一种物质性空间。打洞梁子这片区域的人们必须用到水，通过不同的用水方式产生了不同的社会空间，这些社会空间既有聚合性又有排斥性。具体说来，由于人们对水的使用方式不同，水的象征不同，因此人们对水的实践方式也不同，所形成的社会空间也有差异。在这一节所谈论的祭沟、义务工和集体工的参与人，可以看出水对于社会空间的型塑作用。

首先，祭沟的参与者是“四大份”的分水者。这些参与者将分沟水看作是获得在打洞梁子居住的历史合法性与分配资源的的权利。“四大份”成为象征打洞梁子整体性的一个符号，它是促成打洞梁子整体性的一种向心力。对打洞大沟所实行的“四大份”分水制度，将历史上居住在打洞梁子上的人们聚合，同时排斥了那些历史上并未获得沟水使用权的人，使得打洞梁子成为一个整体的社会空间。其次，义务工的参与者是真正使用打洞大沟沟水的人，这些

① 黄应贵编：《空间、力与社会》，台北，“中央研究院民族学研究所”，1995。

人将打洞大沟看作一种满足生产生活用水的资源。人们因为需要用到这条沟的沟水，在获得沟水使用权的同时也有保护大沟的义务。因此，共同使用大沟的人们形成了一种义务工的社会组织。人们被打洞大沟整合成为一个“水利共同体”。再次，由于打洞大沟的沟头地处墨江县地界，在使用大沟的实践过程中，打洞与竜宾出现水利纠纷，基于人们对打洞大沟实践的历史，关于打洞大沟沟头水源的使用权，逐渐演变成为象征着三村人尊严的一种意义体系。因此，当打洞大沟沟头水源出现问题时，三村村委会成为了一个共同的“利益共同体”，使三村村委会从原来被动划分的行政空间转变成为了民间认同的整体，形成了一种新的社会空间。当然，水对于社会空间的型塑作用不止于此。本节的个案，就是为了说明，人与水的互动，使得水在不同的时期型塑出不同的社会空间。①

三、水与社会空间相互型塑

笔者在打洞梁子做田野调查时，去往螺蛳寨的路上总要途经一段积水的路面。这段路面位于下坡路与平路的临界点，在路中央形成了一个水坑。积水使得行人、摩托车都很难通过。一开始，笔者以为水坑的成因是下雨天积水。但是，很多天后也不见人去疏通这个水坑，询问之下才知积水的真正原因。据说这个水坑所在的路段两边，以前是两家人的水田。由于这一路段的特殊地形，下雨天路面可以形成一个天然的小水塘。水塘里的积水可以用来灌溉田地，所以路两边的两家人都争着要这些积水。然而，从 2015 年开始，路两边被规划为“美丽家园”建设区，两家人开始把自家的农田改为宅居地。当两家人开始在地基上建房时，都不愿意水流到自家的地基上，因此用泥土把路两边围高。于是，雨水便一直沉积在坑里。讲述这件事是为了说明打洞梁子上人们对于水的重视程度和利用程度。一个路面上的小水坑都成为两家人争议的焦点，人们对于水的这种关注程度显示出了水在打洞梁子上的重要性。水在打洞梁子不仅仅是满足生产生活用水的资源，有时也是一种尊严的象征。

“缺水”是打洞梁子上人们的集体认知，也成为打洞梁子的一种社会事实。水在以农耕为主的打洞梁子，具有支配性作用。这种支配性作用从历史延续到

① 当然，这里所说的水是指“复数的水”。

现在。对于打洞梁子的人们来说，水不仅是一种实用的资源，也承载着打洞梁子上人们的集体记忆与集体情感。通过对打洞梁子由“复数的水”所组成的水利系统的调查，可以观察到复数的水与打洞梁子多层次社会空间的对应性。通过对打洞梁子社会历史的访谈，可以得知打洞梁子“复数的水”的形成过程。打洞梁子的水与社会空间在历史的推演中相互型塑。

打洞梁子的水与社会空间之关系

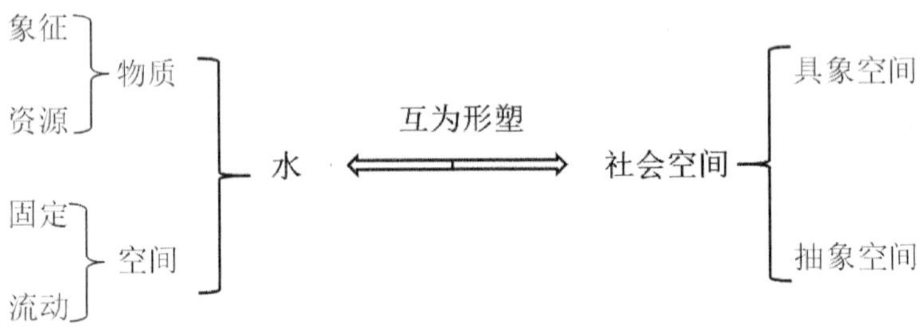

图 8–8　打洞梁子的水与社会空间之关系图

如图 8–8 所示，打洞梁子的水既可以看做是一种物质，又可以看成是一种具象的空间。当把水看作物质时，它具有象征性和资源性。有些水同时兼具这两种特性：打洞梁子的古井是人们生产生活中的水资源，又象征着一个村集体的神圣性。它既是生活用水，又是仪式用水。有些水将这两种特性分离：打洞梁子的自来水为人们的生活用水提供便利，但是自来水作为一种可以买卖的商品，只被人视作一种水资源，却不具有类似于古井的神圣性。自来水进入打洞梁子后，人们在日常生活中对于古井的使用减少，取而代之的是对于自来水的依赖越来越多。但是，正是这种用水方式的改变，更加突出了古井的神圣性与自来水的世俗性。当把水看成是一种具象的空间时，水既可流动又相对固定。水井、水塘、水库、水沟和自来水管都代表具体的空间。例如在打洞梁子上，哈尼族的古井所在位置一般在村庄旁，而汉族的水井多位于村子中间。当在打洞梁子上，提到水塘、水沟等，总是可以描述出来它的具体位置。复数的水所在之地，代表的就是一种具体的空间，这种空间相对固定。然而，在这种相对固定的空间之内，水不断流动。因而，与梁子有关的水也成为一个相互循环的水利系统，水库可以补给沟水、沟水补给塘水，生活用水可以转换为生产用水。也可以通过改变水的容器大小、地理方位而改变水的空间。例如人们可以扩大原有的水塘，可以控制沟的流向。

打洞梁子的社会空间包括了具象空间与抽象空间。具象空间是指被人所认知的物理空间，抽象空间是一种抽象的社会关系。人们在打洞梁子这片区域内实践的过程中，形成了不同层次的社会空间。社会空间逐层外扩，上级社会空间涵盖下级，同一级的社会空间不断分化，上一级的社会空间将下一级分化的社会空间整合在一起。打洞梁子内部分为 8 个村庄，村庄内部有不同的家户，家户之中有不同的个人。与打洞梁子既相互竞争又相互合作的其他村庄，共同形成了黑树林地区。这些社会空间的形成，背后指代的是一种抽象的社会关系。而这种不同层次的社会关系具有承载它们的具象空间。例如打洞梁子内部的 8 个村庄，每个村庄都有属于自己村庄的实体空间。然而这种空间没有人划定强制的地理边界，村庄的具象空间是人们给地理区位赋予意义的空间。

打洞梁子的水与打洞梁子的社会空间互相型塑。打洞梁子是传统的农耕社会，水在梁子上极为重要，是满足人们生存的基本条件。由于对水的需求，人们修通打洞大沟，将十几公里以外的沟水引到打洞梁子。打洞大沟将梁子上的村庄串联起来，聚合成为一个整体。打洞梁子上的水，作为打洞梁子的一种稀缺资源，是社会空间形成的“力”，人们在开采、分享、争夺这种资源的过程中，形成了不同层次的社会空间。反过来看，人们对于水的实践，给水赋予了一种社会性。不同文化群体，对于水的实践不同，也形成了不同的用水方式，产生了“复数的水”。水的复数性生产，也是社会空间生产与再生产的过程。在社会空间生产与再生产的过程中，人们给不同的水赋予了不同的意义，使“复数的水”具有了不同的象征性。例如古井对于哈尼族白宏人来说，象征着洁净和神圣。又如在与竜宾人争水的过程中，打洞大沟在人们观念中不仅是一种灌溉用水的水源，保护大沟象征了三村人的尊严。

如果把“复数的水”看作一种空间，不同的水是不同社会空间的具象呈现。抽象的社会关系，塑造着水所存在的空间。由于人们的社会关系不同、文化背景不同，对于水的使用方式也不同。不同的水也就成为了不同社会空间的象征符号。不同方位的水，代表了不同层次的社会空间。例如位于娘埔村的娘埔水库，代表的是“黑树林地区”这一社会空间。而位于螺蛳寨的水塘，代表的是螺蛳寨特殊的社会空间。反过来说，抽象的社会关系也塑造着水的空间、形态、流向。例如田房建寨时，必须在寨子旁边立一口古井。又如市场新村逐步成立的过程中，自来水也开始进入各个家户。

打洞梁子的水与社会空间相互型塑的关系保持着动态的延续。水的重要性不仅体现在打洞梁子的历史上，在当下的社会生活中，水依然是一个关键的要素。当笔者问居住在打洞梁子上市场新村的人，是否认为这里会成为一个新的自然村时，他们给我的回答是“也许几年后这里建了竜林、立了水井就成为一个村子了，这样就不用回老家献饭了”。而笔者快要离开打洞梁子之前，螺蛳寨因为自来水不够用，已经筹备好资金，正在村头修建一个储备饮用水的蓄水池。从这两个个案可以知道，在当下的打洞梁子，水井依然代表着村庄的建立，人们也依然在不断对水进行改造。在处理人水关系的过程中，既会生产出新的社会空间，又会产生新的用水方式。

总之，打洞梁子的水与打洞梁子的社会空间互相型塑。人们在打洞梁子这一区域对水的实践过程中，产生了不同层次的社会空间。不同的人对于水的实践，使水逐步分化成“复数的水”。水在复数分化的过程，正是打洞梁子社会空间生产与再生产的过程。打洞梁子“复数的水”所形成的是一种整体的水利系统，这种整体水利系统形成过程也是作为整体的打洞梁子形成的过程。人们在对水的实践过程中赋予水不同的意义，水的不同象征也是社会空间的一种具象符号。社会空间塑造了不同形态、不同功能、不同意义的水，而“复数的水”是不同社会空间生产与再生产的“力”。

本研究关注云南黑树林地区打洞梁子水与社会空间相互型塑之关系。本节从打洞梁子上人们日常生活中的“缺水”这一群体文化心态出发，探究打洞梁子人们实践中关于水的分类、家庭记忆、家族叙事、集体情感以及围绕着不同的水展开的各种社会行动。笔者通过参与观察、访谈及其他方法，深入调查了打洞梁子整体的水利系统中对于水的不同分类、当地的社会生活、打洞梁子的历史文化及人群构成。研究提出“复数的水”这个概念。认为与以往人类学、民族学有关水利社会研究中将水看作“大写的水”或“抽象的水”不同，“复数的水”指水在人们的社会实践中被不断的分化与分类，进而呈现出来的多种形态和多种功能。其内涵是水作为一个大的分类体系，它不是一个单一而抽象的整体，它是由各种形式的水复合而成的整体。复数的水才构成了一个完整的水利系统，其后对应的是某一或某些文化群体对社会空间的感知和分类。通过对打洞梁子“复数的水”的详细调查，笔者发现打洞梁子“复数的水”与打洞梁子的多层次的社会空间相互对应。人们在打洞梁子的社会实践过程中不断赋予水不同的功能和意义，使得水不断分化成为“复数的水”。而“复数的水”的分化过程，也正是不同的文化群体经过在实践中不断融合或树立边界从而形成整体性的打洞梁子的过程。通过分析打洞梁子的水对于社会空间的塑造作用，以及人们对于打洞梁子上水的多元利用和对其赋予的各种象征意义，认为打洞梁子的水与社会空间相互型塑。

第六节　结语

本篇第一节通过介绍“黑树林地区”地理位置的特殊性、打洞梁子的形貌特征，当地的人口、生计方式与节日庆典以及这一区域的历史，说明水在打洞梁子的特殊性与重要性。认为打洞梁子的水串联起了打洞梁子的历史，也连接着打洞梁子上下的村庄。第二节提出“复数的水”这一概念，并对打洞梁子“复数的水”进行具体描述。本节详细介绍了打洞梁子上的水井、水塘、水沟、水库与自来水管等多种水的利用方式，不同的水对于打洞梁子的人们有不同的社会意义。然而，这些水又构成了打洞梁子上整体的水利系统，这些水既发挥着各自不同的功能又相互连接、相互补给。第三节陈述“复数的水”与打洞梁子社会空间的分层对应的现象，说明不同的用水方式体现打洞梁子不同层次的社会空间。水井对应了村落、水沟对应了梁子、水库对应了黑树林地区、自来水管直接对应到个人。这种多层次社会空间的形成不是简单的行政区划，而是在历史过程中不断发展而成。水的分化及人们用水方式的转变背后，意味着人们关系网络的转变。复数的水背后具有不同的社会属性，对应着打洞梁子多层次的社会空间。第四节分析“打洞梁子”这一整体性的社会空间如何通过水的分化而不断生成。主要通过历史上不同文化群体用水观念的差异，来分析这些群体如何通过不同的用水方式拓展自己的社会空间，并且使得打洞梁子成为一个整体。打洞梁子上居住的不同文化群体在空间实践的过程中，通过共同或不同的用水方式，人们既相互认同又树立边界。在这种认同与确立边界的过程中，形成了一种共同的意义体系，也形成了打洞梁子这一具有复合文化的整体性社会空间。第五节具体阐述了打洞梁子的水与社会空间的关系。通过不同的个案，阐述打洞梁子的水对于社会空间的塑造以及社会空间对于水的塑造。进而深入分析打洞梁子的水所具有的物质性与空间性，以及打洞梁子社会空间的抽象关系及具象空间。通过对打洞梁子的水与社会空间的具体解释，来具体分析打洞梁子上的“复数的水”与社会空间相互型塑的关系。

笔者认为，在历史的互动中打洞梁子逐步形成了多元的水、立体的社会空间共同塑造的一种整体性的复合文化系统。本章亦通过打洞梁子立体人文生态系统的生成，探讨了不同民族群体是如何在“复数的水”的生产过程中开拓其特有的社会空间，从而使得每个阶段进入打洞梁子的文化群体最终因水而融合于打洞梁子的整体性复合文化之中。基于上述研究，本章还专门讨论了打洞梁子水的分类系统与社会空间之间的关系，研究认为打洞梁子整体社会的形成过程包括了多样的水塑造立体的社会空间，动态的社会空间又生产多元的水，水与社会空间之间的相互型塑推动着打洞梁子社会整体性的形成。

后　记

在云南黑树林地区的田野调查中，笔者团队以该地区百年的水利问题为研究线索，重新梳理了这一区域的社会历史。本书从沟渠文化、观念象征、当地习俗等方面展示了这一历史画卷。有关黑树林的田野调查无疑再次向我们证明了研究工作具备历史、比较和宏观视野的重要性。团队成员秉持上述原则在黑树林地区开展的研究，以合作的形式逐渐转化成了具体的研究个案并发表，最终也汇聚为本书的主要内容。本书主要由李建明、杨漪、嘉日姆几三位作者的文章构成，具体信息如下，以此说明。

嘉日姆几：《“四大份”：从意义、行为到符号——云南黑树林打洞大沟管理制度研究》，载《西南民族大学学报（人文社科版）》，2016（7）。

李建明、干小莉：《葬坟与先占：清中叶以来滇南黑树林地区地权新秩序中的多民族互动交融》，载《中央民族大学学报（哲学社会科学版）》，2021（6）。

李建明：《部分中的整体：云南打洞梁子的观念、仪式及其组织》，载《西南民族大学学报（人文社会科学版）》，2017（11）。

杨漪：《麻批麻普：黑树林地区螺蛳寨段氏家族节日变迁与族属流变》，载《节日研究》，2015（2）。

李建明，蔡利单：《“灵权”让渡：“玉拉枯”仪式中的莫斯命题》，载《原生态民族文化学刊》，2022（5）。

杨漪：《云南“黑树林”地区打洞梁子的水与社会空间之关系研究》，云南民族大学硕士学位论文，2016。

图书在版编目（CIP）数据

无沟不成田：云南黑树林的沟渠、习俗与历史研究 / 李建明，杨漪，嘉日姆几著. -- 北京：民族出版社，2024. 8. -- ISBN 978-7-105-17365-5

Ⅰ. K297.4

中国国家版本馆 CIP 数据核字第 2024ER5627 号

无沟不成田：云南黑树林的沟渠、习俗与历史研究

责任编辑：黎莉
出版发行：民族出版社
地　　址：北京市和平里北街 14 号
邮　　编：100013
电　　话：010－58130098（汉文编辑二室）
　　　　　010－64224782（发行部）
网　　址：http://www.mzpub.com
印　　刷：北京中石油彩色印刷有限责任公司
经　　销：各地新华书店
版　　次：2024 年 11 月第 1 版　2024 年 11 月北京第 1 次印刷
开　　本：787 毫米 ×1092 毫米　1/16
字　　数：210 千字
印　　张：12.25
定　　价：60.00 元
书　　号：ISBN 978-7-105-17365-5/K·2957（汉 1695）